筑摩選書

慎改康之
Shinkai Yasuyuki

フーコーの言説

〈自分自身〉であり続けないために

フーコーの言説　目次

フーコーの言説

〈自分自身〉であり続けないために

凡例

本書で使用するフーコーの主な著作については、注において以下の略号で表す。

MMPer : *Maladie mentale et Personnalité*, Paris, P.U.F., 1954〔『精神疾患とパーソナリティ』、中山元訳、ちくま学芸文庫、一九九七年〕

MMPsy. : *Maladie mentale et Psychologie*（1962）, Paris, P.U.F.（Quadrige）, 1995〔『精神疾患と心理学』、神谷美恵子訳、みすず書房、一九七〇年〕

AK : « Introduction à l'*Anthropologie* de Kant »（1961）in E. Kant, *Anthropologie d'un point de vue pragmatique*, Paris, Vrin, 2008〔『カントの人間学』、王寺賢太訳、新潮社、二〇一〇年〕

HF : *Histoire de la folie à l'âge classique*（1961）, in *Œuvres*, t. 1, Paris, Gallimard（Pléiade）, 2015〔『狂気の歴史』、田村俶訳、新潮社、一九七五年〕

NC : *Naissance de la clinique*（1963）, in *Œuvres*, t. 1, Paris, Gallimard（Pléiade）, 2015〔『臨床医学の誕生』、神谷美恵子訳、みすず書房、一九六九年〕

RR : *Raymond Roussel*（1963）, in *Œuvres*, t. 1, Paris, Gallimard（Pléiade）, 2015〔『レーモン・ルーセル』、豊崎光一訳、法政大学出版局、一九七五年〕

MC : *Les Mots et les Choses*（1966）, in *Œuvres*, t. 1, Paris, Gallimard（Pléiade）, 2015〔『言葉と物』、渡辺一民、佐々木明訳、新潮社、一九七四年〕

AS : *L'Archéologie du savoir*（1969）, in *Œuvres*, t. 2, Paris, Gallimard（Pléiade）, 2015〔『知の考古学』、慎改康之訳、河出文庫、二〇一二年〕

OD : *L'ordre du discours*（1971）, in *Œuvres*, t. 2, Paris, Gallimard（Pléiade）, 2015〔『言説の領界』、慎改康之訳、河出文庫、二〇一四年〕

SP : *Surveiller et Punir*（1975）, in *Œuvres*, t. 2, Paris, Gallimard（Pléiade）, 2015〔『監獄の誕生』、田村俶訳、新潮社、一九七七年〕

VS : *Histoire de la sexualité I : La Volonté de savoir*（1976）, in *Œuvres*, t. 2, Paris, Gallimard（Pléiade）, 2015〔『性の歴史Ⅰ　知への意志』、渡辺守章訳、新潮社、一九八六年〕

UP : *Histoire de la sexualité II : L'Usage des plaisirs*（1984）, in *Œuvres*, t. 2, Paris, Gallimard（Pléiade）, 2015〔『性の歴史Ⅱ　快楽の活用』、田村俶訳、新潮社、一九八六年〕

SS : *Histoire de la sexualité III : Le Souci de soi*（1984）, in *Œuvres*, t. 2, Paris, Gallimard（Pléiade）, 2015〔『性の歴史Ⅲ　自己への配慮』、田村俶訳、新潮社、一九八七年〕

AC : *Histoire de la sexualité IV : Les Aveux de la chair*, Paris, Gallimard, 2018.

DE : *Dits et Écrits* 1954-1988（1994）, Paris, Gallimard（Quarto）, 2001, 2 vol.（I-II）〔『ミシェル・フーコー思考集成』蓮實重彥、渡辺守章監修、筑摩書房、一九九八―二〇〇二年、全十巻（I―X）〕

序　章　フーコーのアクチュアリティ

『肉の告白』

ミシェル・フーコーの『性の歴史』第四巻『肉の告白』がついに刊行される――この情報が二〇一七年の秋に発信されるや否や、ＳＮＳ等によって瞬く間に世界中に拡散された。そして二〇一八年二月、長いあいだ未刊のままにとどまっていたこのフーコー最後の主著が実際に出版された際には、フランスでは多くのメディアによって一大事件として扱われた。そして日本でも、とりわけ人文科学系の研究者や学生のあいだで大きな話題となり、海外での哲学書の死後刊行という一般には馴染みの薄い出来事であるにもかかわらず、全国紙上で記事としてとり上げられることにもなったのだった。

一九六六年の『言葉と物』における「人間の終焉」というセンセーショナルな言明とともにフーコーの名が広く知れわたることになって以来、すでに半世紀が過ぎた。そしてその早すぎる死からも三〇年余りを経た今日において、その遺作がかくも人々の関心の対象となりうるということ、これは、彼の言説が、我々にとっても依然として、ある種のアクチュアリティを保持し続けているとの証であろう。

フーコーのアクチュアリティ

では、フーコーの言説に今なお備わるアクチュアリティとは、いったいどのようなものであろうか。

第一に挙げられるのはもちろん、その歴史研究によって彼が提起したいくつかの問題と、それらを提起する彼固有のやり方とが、我々の現在に対して訴えかける力を保ち続けているということであろう。かつては多様な仕方でとらえられていた狂気が、どのようにして精神の病という単一の形象に還元されてしまったのか。かつては身体の表面にとどまっていた医学の視線が、どのようにして身体の内部へと向けられるようになったのか。どのようにして人間は、至上の主体であると同時に認識すべき特権的な客体としての地位を獲得したのか。どういうわけで、監獄への閉じ込めという処罰形式は、当初から明らかであったその「失敗」にもかかわらず、いまだに存続しているのか。どういうわけで、性の抑圧とそこからの解放が、かくも切実な問題として声高に訴えられてきたのか。自身の欲望を解読し、それによって自身の真理を探り当てようという務めは、いつ、どのようにして我々に課されるようになったのか——以上のような問いを一つまた一つと提出することによってフーコーが試みたのは、今日において自明であるとされている事柄を、歴史への問いかけによって問題化することであったという。すなわち、現在そうであることがいつもそうであったわけではないことを示すこと、しかじかの形象が形成されたプロセスを明るみに出しつつそれを解体する可能性を手に入れること、これが、彼の歴史研究の目的であったということだ(1)。フーコーの言説が現在の我々を今なお惹きつけるとしたら、それはおそらく、二十世紀後半に彼によって提出された問いのいくつかが、二十一世紀の我々においても依然として問われるべきものであり続けているということであろう。それはおそらく、彼が着手した解体作業のうちのいくつかが、依然として果たされぬままにとどまっているということであろう。それはおそらく、我々の現在が、ある意味において、彼の言説が発せられていた地点からいまださほど遠ざかってはいないということであろう。

とはいえ、フーコーのアクチュアリティを、彼の探究の内容や手法の卓越性にのみ送り返してはなるまい。というのも、彼の言説は、一九八四年に彼が他界すると同時に決定的に閉じられてしまったわけではなく、現在に至るまで多くの研究者たちの尽力によって補完され、かつて空白とされていたものがことごとく満たされてきたからだ。まず一九九四年に、彼が生前に世界各地で発表した論文や対談が一つにまとめられて出版される(『ミシェル・フーコー思考集成』)。また、一九九七年から二〇一五年までの十八年をかけて、コレージュ・ド・フランスにおいて行われた全講義の記録が刊行される(『ミシェル・フーコー講義集成』)。そして二〇一五年には、彼の主著が、名だたる著者ばかりを集めたものとして知られるガリマール社のプレイヤード叢書に収められる。つまり、フーコーの言説は、いわば、彼の死後もなお産出され続けてきたということだ。そしてそうした出版作業が、ついに二〇一八年に世に出ることになった『肉の告白』によって大きな節目を迎えることになる。彼の言説と現在とのかかわり方に、ここに一つの区切りが設けられるということだろうか。いずれにしても明らかなこと、それは、今日まで長いあいだ未刊のままにとどまっていた『性の歴史』第四巻の刊行が、我々にとって優れてアクチュアルな出来事であるということ、そして、彼の言説のほぼ全体が我々の手の届くものとなった今こそ、フーコーをあらためて読み直すべきときであるということだ。

絶えざる変貌と一貫性

そうした読み直しのための最初の企てのうちの一つとして、本書では、フーコーの研究活動の多様性およびその絶えざる変貌に注目しつつ、それがいかなるものであるのかを正確に見極めるとともに、その研究活動全体を貫いて存続するものはいったい何かを明らかにすることを目指す。

フーコーの歴史研究が、知、権力、自己との関係という三つの軸に沿って、さまざまに異なる領域を次々に踏破したものであるということ、これは広く知られているとおりである。一九六〇年代の「考古学」は、狂気や病、生命や言語や経済に関する知の歴史的成立を、連続的進歩の帰結としてではなく、政治的、社会的、経済的要請や、西洋文化一般にかかわる認識論的変動によって可能になったものとして描き出す。次に、七〇年代の権力分析は、刑罰および性にかかわる権力に関して、そのネガティヴな側面ではなくポジティヴな側面に注目し、権力による知の産出という作用を明るみに出す。そして八〇年代には、古代ギリシア・ローマの哲学的思考から初期キリスト教への移行のなかに、自己が自己に対してはたらきかけるやり方の根本的変容が見いだされる。要するに、フーコーの言説に関しては、その多彩な対象領域と度重なる重心の移動を、その第一の特徴として挙げることができるということだ。

しかしそうした多様性と変化によってしるしづけられるその一方で、フーコーの探究には終始一貫して変わらぬものがあるということを、彼自身が、とくに晩年、それまでの自らの研究を振り返りながら幾度となく語っている。たとえば、コレージュ・ド・フランスにおける最晩年の講義『真理の勇気』の初回講義において、フーコーは次のように述べている。自分の研究活動のそもそもの出発点にあったのは、主体と真理との関係をめぐる問題である。その問題を、最初は、主体に関して真理を語ろうという試みがどのようにしてなされてきたのか、主体はどのようにして知の対象として構成されてきたのか、というかたちで提起していた。そしてある時期以来、やはり主体と真理との関係に対する同じ関心から出発して、今度は、しかじかの主体に関して語られる真理の言説についてではなく、主体が自己自身に関して語る真理の言説について考察することになったのだ、と。(2)

自分の研究は常に主体性の問題への関心によって導かれてきたのだとするこうしたフーコーの回顧的な発言を、一見して明らかな多様性と変化によって特徴づけられる彼の実際の研究活動に照らし合わせながら検証すること。そしてそこから、彼の探究にたびたび生じる軸の移動と、それを貫いて存続するものとのあいだに、どのような関係が見いだされうるのかを明らかにすること。そうした目標を掲げつつ、本書では、以下のような順序で考察を進めていく。

本書の構成

まず、一九五〇年代に発表され、後のフーコーが自分にはもはや帰属せぬものとしていわば彼の前史に追いやったいくつかのテクストを、第一章において検討に付す。それらの「前フーコー的」テクストではいったい何が問題になっているのか、そこに「フーコー的」な言説と相容れないものがどのようにしるしづけられているのかを明らかにする。

次に、六〇年代の「考古学的」探究を、それ以前のフーコーが帰属していた思考の地平から身を引き離していくプロセスとして読み解いていく。第二章では『狂気の歴史』、第三章では『臨床医学の誕生』および『レーモン・ルーセル』、第四章では『言葉と物』、第五章では『知の考古学』を中心として扱いながら、そうした一連の探究のなかで自分自身からの離脱がどのようにして達成されるのかを描き出す。

そして七〇年代の権力分析に関しては、それが六〇年代の言説分析とのあいだにどのような関係を保っているのか、そしてそこからフーコーの研究がいかなる方向へと導かれることになるのかを明らかにする。第六章では、『言説の領界』および『監獄の誕生』、第七章では『性の歴史』第一巻『知への意志』に主に問いかけることで、権力関係をめぐる考察がフーコーにおいていかなる射程を持つものであるのかを探る。

最後に、八〇年代の探究については、第八章において、『性の歴史』をめぐる研究計画の変更がどのようにしてもたらされたのか、そしてそこから古代世界の「自己の技術」に焦点を定めて行われるフーコーの晩年の研究がどのようなものとなるのかを問う。『性の歴史』の続巻に加えて、当時のコレージュ・ド・フランス講義の記録が重要な導きの糸として役立つことになるだろう。

フーコーの「言説」

以上の考察を、本書では、表題に掲げたとおり、フーコーの「言説」のレヴェルにとどまりつつ行う。とはいえこれは、フーコー的なやり方に倣ってフーコーを解読する、と言えるほど大それた企てではない。ここで目指されるのは、ただ単に、彼が語ったこと、書いたことに対して最大の敬意を払いつつ、それを慎重かつ綿密に読み解くことである。言説を言説以外の何かによって説明しようとしたり、言説の秘密を言説の彼方もしくはその手前に探そうとしたりするとき、そこにはしばしば、言説そのものを読まずに済ます口実を自らに与える危険が潜んでいる。そうした危険を払いのけるために、まずはフーコー自身の言葉に対して可能な限り注意深い視線を投げかけること。これが、彼の主要な言説のほぼすべてが我々の手元に届いた今、それを新たに読み直すために必要な最初の作業であると思われるのだ。

序章・注

（1）『ミシェル・フーコー思考集成』所収の対談「構造主義とポスト構造主義」における発言を参照（DE II, p. 1268〔IX 三二三頁〕）。

（2）*Le Courage de la vérité*, Paris, Gallimard/Seuil, 2009, pp. 4-5〔『真理の勇気』、慎改康之訳、筑摩書房、二〇一二年、四―六頁〕『ミシェル・フーコー思考集成』所収の以下のテクストにおける発言も参照。「フーコー」（DE II, pp. 1451-1453〔X 一〇四―一〇五頁〕）、「自由の実践としての自己への配慮」（DE II, pp. 1527-1528〔X 二一八―二一九頁〕）、「生存の美学」（DE II, p. 1550〔X 二四八―二四九頁〕）。

第一章
フーコー前史

フーコーの著作活動は、一九五四年に発表された二つのテクスト、すなわち、ビンスワンガー著『夢と実存』への序論と『精神疾患と心理学』と題された小著によって開始される。これに一九五七年の日付を持つ二つの小論を加えた五〇年代の彼の四つのテクストを、六〇年代から八〇年代にかけて発表された彼の主著と読み比べてみるとき、そこにはただちに、明らかな断絶、明らかな非両立性が見いだされる。つまりそれら四つのテクストにおいては、「考古学」以降のフーコー的と呼びうるような言説とは完全に異質であるように思われる言説が展開されているということだ。そして実際、フーコー自身が後に自分の研究について回顧的に語る際に自らの出発点とみなすのは、一九六一年の『狂気の歴史』である。いわば彼は、五〇年代に自分が手がけた仕事を、もはや自分自身には帰属せぬものとして切り捨てようとするのである。

第一章においてこれから辿り直してみたいのは、そのようにフーコーがいわば自身の前史へと追いやってしまった五〇年代のテクストである。というのも、まさしくそれらのテクストのうちに表明されている思考様式から身を引き離すことこそが、とりわけ六〇年代の彼の探究の目的そのものとなるからだ。つまり、五〇年代の前フーコー的言説は、来るべき「考古学的」探究において徹底的に問題化されることになる思考の地平への帰属をはっきりと示しているということであり、したがってそこに、後のフーコー的な言説の射程を明確にとらえるための重要な手がかりを見いだすことができるように思われるのである。

そこでこの章では、六〇年代以降のフーコーの探究の展開を念頭に置きながら、五〇年代の前フーコー的テクストについて、以下の順序で考察を進めていくことにしよう。まず、いわば準備的な作業として、一九五七年に発表された小論のうちの一つを検討し、それによって、当時のフーコーにとっての理論的基点のようなものをあらかじめ把握すること。次に、一九五四年の『夢と実存』への序論および『精神疾患とパーソナリティ』について、それらが一つの同じ地点から出発しつつそれぞれどのような具体的考察を提示しているのか、そしていかなる地点においてそれらが再び合流することになるのかを見極めること。

1　人間の学としての心理学

「心理学の歴史」

フーコーの五〇年代の四つのテクストは、いずれも心理学にかかわるものである。当時の彼は、心理学関連の複数の学位を取得するとともに、心理学教師として大学等の教壇に立っていた。つまり、フーコーは、自らの研究活動を、まず心理学者として開始するということだ。その彼が残した四つのテクストのなかでも、一九五四年の『夢と実存』への序論および『精神疾患とパーソナリティ』こそが、若き日のフーコーを読み解くための鍵を握るものとして詳細な分析に委ねられるべきものであると思われる。しかし、そうした分析に着手する前にまず注目したいのが、一九五七年の日付を持つ小論「心理学の歴史 一八五〇―一九五〇」である。というのも、この論考は、五四年の二つのテクストが交叉する地点、というよりもむしろ、そこから出発してそれら二つの道へと分岐することになる地点を、端的に示してくれているからだ。すなわち、一方において展開されている夢の解釈の試みと、他方において提示されている精神の病に関する考察とが、一つの同じ問題から出発して導かれた二つの探究であるということがそこで示唆されているのである。したがって、フーコーの前史に問いかけるための端緒を開くために、まずはこの小論に目を向けてみることにしよう。

「心理学の歴史」においてまず指摘されるのは、心理学が、十九世紀半ばから二十世紀半ばにかけてのその歴史的発達のなかで、「自然主義的客観性の放棄」へと導かれてきたということである[1]。十九世紀以来、心理学はなるほど、自然科学に倣い自らを実証的科学として打ちたてようと努力してきた。しかし逆説的なことながらその結果として次第に明らかにされてきたのは、人間のなかに「自然的客観性の一分野ではない別のもの」があるということ、そしてそれを把握するためには「自然科学がモデルを提供しうるような方法ではない別の方法」が必要であるということであった[2]。こうして心理学は、そのような人間の特殊な位置づけに見合った探究へと向かう傾向を帯びることになる。すなわち、人間を自然界の一部として説明する代わりに、「人間的現実」を厳密に扱うこと、「人間の尺度にもっと適合し、人間の種別的特徴にもっと忠実で、人間において自然の諸決定から逃れていることのすべてにもっと合致した検討に立ち戻ること」が必要とされるようになってきたということである。[3]「人間の学としての心理学[4]」は、自然の法則に従う単なる客体とは異なるやり方で存在する者としての人間、主体として実存する者としての人間を、自らの探究の対象として扱わねばならない、というわけだ。

実存の分析と矛盾の克服

では、自然のなかの一つの客体であるだけでなく自由な主体でもあるような人間が問題であるとして、そうした特殊な地位を持つ対象を扱うための方法はいったいどのようなものとなるのか。この問いに対し、一つの方向として挙げられているのが、「人間存在をその根本構造において分析しようとする人間学」である。自然主義的な客観性に訴える代わりに、一人ひとりの人間を、「世界のなかにある実存」として把握し直し、「その実存に固有の様式」によって特徴づけようとすること。すなわち、人間存在を、客体の一つとして世界のなかに投げ込まれていると同時に世界へと向かって自らを主体的に投げ入れる「世界内存在」としてとらえるという、現象学的ないし実存哲学的着想を拠り所としつつ、「心理学的因果性を十全に逃れている一つの実存の根本的自由」に関する分析を、心理学を基礎づけるものとして価値づけようとすることである。[5]ところで、「人間学」ないし「実存分析」による心理学の乗り越えというこのテーマこそまさしく、一九五四年の『夢と実存』への序論において中心的テーマとされているものに他ならない。そこで試みられているのは、実際、「人間的現実が自己を時間化し、空間化して、ついには世界を投企する、そのやり方に関する実存分析」を、ビンスワンガーの「現存在分析」を手がかりとして粗描することである。[6] つまりそこでは、夢に関する探究を通じて、人間存在を「世界のなかにある実存」として考察するためにはどのようにすればよいかということが問われているのである。

したがって、人間をその固有のレヴェルにおいて扱うためには、心理学的実証主義を放棄し、新たな分析を開始しなければならないということであるが、しかし五七年のテクストによれば、「人間の学」としての心理学がそのようにして基礎づけられたとしても、依然として根本的な問いが残されているという。それはすなわち、心理学は自身の起源にある矛盾を克服することができるのだろうか、という問いである。というのも、心理学とは、通常の自然科学とは異なり、「人間の実践が自らに固有の矛盾と出会う地点に生まれる」ものであるからだ。[7] 実際、発達心理学は発達の停止に関する考察として生まれたものであるし、適応心理学は不適応の現象の分析として、また記憶心理学、意識心理学、感情心理学は、それぞれ、忘却、無意識、情緒障害に関する研究として出現したものである。つまり、そもそも心理学は、異常なものや病的なものといった、人間における矛盾に関する分析として開始されたのであり、正常なものをその対象として扱うようになったのは二次的なやり方によってにすぎないということだ。病や異常性といったネガティヴな経験こそが、心理学に出発点を与えるのであり、心理学の条件そのものを成しているということ。[8] ところで、心理学的真理の根底にあるものとして自らを差し出すそうした矛盾の経験について問いかけるとともに、それを克服する術を探し求めるという、そうした任務を果たそうと試みているのが、一九五四年のもう一つのテクスト『精神疾患とパーソナリティ』である。この書物において提出されているのは、人間にとってのネガティヴな経験としての精神の病をどのように理解すればよいのか、そしてそこから出発して心理学をどのように革新することができるだろうかという問いである。個々の人間において病というかたちをとる矛盾の経験を、現実の社会的矛盾と関連づけながら乗り越えるためのやり方が、そこでは問題となっているのである。

出発点としての主体性

心理学を実存分析の方向へと乗り越えること。心理学の起源としてのネガティヴな経験そのものを問い直すこと。五七年の小論によって示されているのは、五四年の二つのテクストがそれぞれ目指しているこれら二つの方向が、「人間的現実」を厳密に扱うべき探究にとっての二つの使命であるということである。つまり、『夢と実存』への序論および『精神疾患とパーソナリティ』は、ともに、人間をその特殊な地位において扱う必要性、人間の還元不可能な主体性を特権化する必要性を、自らの出発点としているということだ。そして、「人間の学」ないし「主体の学」の重要性を強調しつつそうした探究に専心するというまさにこの点において、五〇年代のフーコーの言説は、当時の支配的な思潮への賛同を示すとともに、フーコー的なものとして知られる六〇年代以降の彼の言説と真っ向から対立するものとして現れる。一方において、人間存在の特権化は、主体性から出発しなければならないという標語のもとで一世を風靡したサルトルらの人間主義ないし人間学主義へと送り返される。そして他方、そのような人間学的思考への徹底した異議申し立てこそ、六〇年代以降のフーコーの研究活動を最も明白なやり方で特徴づけるものの一つに他ならない。「人間の終焉」というあのあまりにも有名な言葉を引き合いに出すまでもなく、後のフーコーにおいては、「人間的現実」ないし人間の主体性が、考察の絶対的出発点とすべきものではもはやなく、逆に、さまざまなやり方で抜本的に問い直すべき問題として扱われることになるのである。人間存在を特権的な研究対象として設定する五〇年代のフーコーのテクストには、後の彼自身の歴史的探究が標的そのものとすることになる思考の地平への全面的な帰属がしるしづけられているということ。後のフーコーによる人間主義ないし人間学主義の告発には、したがって、かつての自分自身との決別が含意されているのだ。

以上を踏まえた上で、一九五四年の二つのテクストに関する検討を開始することにしよう。人間の主体性を出発点として掲げつつ二つの方向へと分岐したそれら二つの探究は、それぞれどのような分析を導き、そしてどのような地点に到達することになるのだろうか。

2　夢と解釈

人間学的企図の表明

まず、『夢と実存』への序論について。スイスの精神病理学者ルートヴィヒ・ビンスワンガーのこの著作をフランスに紹介すべく、フーコーは、旧知の精神医学者ジャクリーヌ・ヴェルドーによる翻訳作業に協力するとともに、本文よりも長いテクストを序論として寄せる。その冒頭において、彼は、自らの考察の目的を以下のように明確に記している。

目下のところ、この序論は一つのことしか目指していない。すなわち、哲学たろうと企図するのではない一つの分析形式、心理学ではあらぬことを目的とする一つの分析形式を提示することである。具体的、客観的、実験的なあらゆる認識の基礎にあるものとして自らを指し示すような分析形式、その原理と方法が、そもそもの最初から、その対象の絶対的特権によってのみ決定されるような分析形式を提示すること。そしてその特権的な対象こそ、人間、というよりもむしろ、人間存在、**Mensch-sein** なのだ。(9)

「人間」を、心理学とも哲学とも異なるやり方で扱うこと。すなわち、「自然的人間（**homo natura**）」でもなく、「現存在（**Dasein**）すなわち世界への現前の超越論的構造」でもなく、「世界への現前の実存的内容」を自らの研究対象とするものとしての「人間学」が目指されているということだ。(10)自然のなかの諸々の客体と根本的に区別されるものとしての人間、世界内に主体として実存する人間を、その具体的で現実的な内容において描き出そうとすること。要するにフーコーは、考察を開始するにあたり、主体性から出発すべしという標語への全面的な賛同をはっきりとしたやり方で宣言しているのである。

では、この「序論」においてフーコーが提示しようとしている人間学的探究とはどのようなものだろうか。後の彼の歴史研究によって標的とされる思考が、そこにどのようなかたちで刻まれているのだろうか。

夢と実存

『夢と実存』におけるビンスワンガーの「現存在分析」を自らに引き受けつつ、フーコーが提示するのは、夢の経験に問いかけることによって人間の実存を解読しようという試みである。「序論」によれば、夢とは、「不透明な諸内容と解読されざる必然性の諸形式とを隠し持った一つの世界のなかに」展開されるものであると同時に、「自由な生成、自己の達成、個のなかにある最も個なるものの発現」でもある[11]。つまり、一方では一つの世界の形式を備えるものであり、他方では一個の主体にとって最も固有のものでもあることが、夢という経験の本質的特徴である、というわけだ。そして、主体の自由と世界の必然とを同時に示すというこうした両義性ゆえにこそ、夢は、世界に投げ込まれていると同時に自らをそこに投げ入れるものとしての実存を、意義深い仕方で告知するものとみなされる。というのも、そうした夢の経験は、いわば一種の「私的世界」として、「覚醒した意識を魅惑する客観性を断ち切り、人間主体に対してそのラディカルな自由を回復させつつ、逆説的にも、世界へと向かう自由の運動、自由がそこから出発して世界となる根源的地点を暴露する」からだ[12]。すなわち、全面的な自由としての人間主体が、必然性によって支配された一つの世界へと自らを投げ入れるという、そうした「根源的な運動」を、夢のなかに解読することができるということであり、その限りにおいて、夢は、「世界内存在」としての「実存」の様態を、その始まりそのものにおいて具体的なかたちで示してくれるように思われるというわけだ。こうしたビンスワンガー的テーマを受け入れつつ、フーコーは、実存を読み解くための夢分析という任務に身を委ねようとするのである。

それでは、そのようなかたちでの人間学的探究は具体的にどのようなものになるのだろうか。夢の経験に問いかけながら実存の本質的構造を明らかにするために、どのような方法が要請されるのだろうか。

意味と指標

フーコーは、実存を夢のなかに読み解くための自らの分析方法を、とくに精神分析学による夢解釈との対比によって際立たせようとする。フロイト的な夢解釈は、夢を、具体的な実存を指し示す特権的な経験としてとらえるには至らなかった。フーコーによれば、そうした「欠陥」の起源は、覚醒した意識によって再構成されたものとしての夢の顕在的イマージュと、夢の経験そのもののなかで実現される潜在的意味との関係が、見誤られていたことにあるという。精神分析は、夢の意味を、客観的諸記号の突き合わせや解読の合致によって定義しようとするのだが、これは、夢のイマージュの「象徴的価値」のもとに、明らかに異なる二つのものが重ね合わされていることによる。すなわち、「象徴」という概念のもとで、「分析者に対し客観的状況を指し示すことのできる指標的諸要素」と「夢の経験を内部から構成している意味的諸内容」とが混同されてしまっているというのである[13]。我々が夢見るまさにそのときに起こる意味実現の作用、意味が「内部から」夢を構成する表現の作用は、「意味に固有の動き」であり、したがって、「指標」としての夢のイマージュから出発した外からの帰納によっては、夢のなかで表現されている「根源的意味」に到達することはできないということ。つまり、意味を内側から構成する動きと、その意味を外側から再構成しようとする動きとは、互いに根本的に異なる二つの動きであるというわけだ。精神分析は、これら二つの動きを区別せず、夢の形成のメカニズムを、それを再構成する手続きを単に逆向きにしたものとして記述したのであり、その結果、夢のイマージュの指標的側面からの帰納によって得られるものが、夢そのものの根源的意味と混同されてしまった。したがって、夢のなかに実存の根本的構造を解読するには、まず、こうした混同から脱却し、意味実現の過程そのものをとらえ直す必要がある、というのである。

内と外、表現の動きと指示の動きとの、以上のような還元不可能性に言及する際、フーコーが準拠としているのは、フッサールの『論理学研究』に示されている「本質的区別」である。現象学の「打開」をなしたとされるこの書物において、フッサールは、「記号」という語のうちに通常重ね合わされているという二つの概念、「表現」と「指標」という二つの概念を、厳密に区別する必要性を強調する。すなわち、「表現」が意味を持つ記号であるのに対し、「指標」とは、それ自体としては意味を持たず、ある事物を指し示すことによりその事物の存在を意識が確信ないし推測するための動機づけにのみ役立つものにすぎない、と。[14]こうした現象学的区別を自らに引き受け直しながら、一九五四年のフーコーは、新たな夢分析の方法、「人間学的な」分析の方法を打ちたてようとするのである。

新たな解釈の方法

しかし、それでは夢の意味そのものに近づくためのその方法は、いったいどのようなものになるのだろうか。というのも、フーコー自身が明言しているとおり、現象学的区別を認めるとき、意味とは「了解的把握においてしか明るみに出すことができない[15]」ものであるのに対し、分析は、結局のところ、夢を直接生きることのない覚醒した意識によって、そして後から再構成されたものとしての夢の顕在的イマージュから出発することによってしか行われえないからだ。帰納によっては決して意味に到達できないとしても、いずれにしても分析は、指標を出発点とするしかない。しかし「了解」は、純粋現象学の内部では、内面性という様態におけるとらえ直しによってしか可能ではない。したがって、分析者に差し出される夢のイマージュから夢の意味へと近づくためには、帰納とも了解とも異なる新たな方法を見いだすこと、精神分析と現象学とをともに乗り越えることが必要となるだろう。すなわち、表現と指標との越えがたい隔たりを維持したまま

「客観的指標の契機を統合しなおす」こと、いわば内と外とを厳密に区別した上で外を内に回収することが必要になるということだ。指標的機能を果たすものとしての象徴から出発して真の意味に到達することを可能にするような一つの方法、「表現作用をその完全なかたちにおいて復元するような解釈の方法」が要請されることになるのである[16]。

一方では表現と指標との絶対的な区別を受け入れながら、他方ではその区別を乗り越えようと目指すこと。そもそもの最初から根本的な困難を孕んでいるようにも思われるこの「解釈」の企ては、実は、「本質的区別」とともに、一つの現象学的公準を含意している。フーコー自身も「序論」のなかで言及しているその公準とはすなわち、「現在」ないし「現前」のみが真理の場としての価値を持つことができる、というものである。

現前の特権

フーコーによれば、「指標的諸要素」と「意味的諸内容」との区別が要請されるのは、「自らを構成する世界における根源的な現前」に対して絶対的な特権が認められることによる[17]。すなわち、十全な明証性のもとに与えられうるのは今この瞬間に内側から直接的に生きられるもののみであり、そうであるからこそ、内における表現と外からの指示とを区別しなければならないのだ、と。ところで、このようなものとしての「生ける現前」の特権は、まさしくフッサールが、その現象学的探究を基礎づけるために援用するものである。

『論理学研究』によれば、心の作用は、それが「生きられている」限りにおいてのみ十全に知覚されうるという。一般に他者の「心的作用」については、我々はそれを指し示す媒介としての指標を外から「解釈する」[18]ことによって推測的に知覚することしかできず、そうした知覚には「真理は決して対応しない」[19]。これに対し、そうした「作用」が我々自身によって生きられるとき、そこにはいかなる媒介も必要とされず、その限りにおいてそれは十全に知覚されうる。すなわち、「内在的であり、ありのままに思念されているものを疑うことは明らかに理に反している」ということであり、そうした純粋な内在だけは明証的な知覚の対象としての価値を持つことができる、というわけだ[20]。現象学的思考にとってはこのように、「生ける現在」が、そしてそれのみが、真理を可能にする場として価値づけられるのである。

終わりのない任務

『論理学研究』によって提示され、フーコーの「序論」によって引き受け直されている、「現前」ないし「現在」の特権。この特権こそが、指標と表現との区別、思い起こされる夢と生きられる夢との区別を基礎づけるわけであるが、しかしそれだけではない。それに加えて、この特権は、そうした区別を越え出ようとするあらゆる試みを動機づけることにもなる。何かが「十全に」把握されうるのは、それが生きられるまさにそのときにのみであるとするなら、指標は確かに、「推測的」に把握されたもの、「いかなる真理もそれに対応しない」ようなものしか与えることはない。しかし、まさしくそれゆえに、我々は指標にとどまっているわけにはいかない。すなわち、指標がいかなる真理も与えることがないからこそ、指標が隠すと同時に示しているとされる原初的な意味作用へと少しでも近づくために、指標を越え出てゆかねばならないのだ。現前の明証性こそが、客観的な指標から出発して根源的な意味を回収しようという解釈の試みを、困難にすると同時に要請するということ。逆説的なことながら、「生ける現在」に与えられた特権そのものによって、指標に対し、果てしのない探索へと運命づけられた汲み尽くしがたい豊かさが与えられるのである。指標から意味へと到達するため、失われた真理を復元するための解釈が、こうして、終わりのない任務として課されることになるのだ。

「現前」に与えられた現象学的特権に関しては、ジャック・デリダが、それを西洋の形而上学的伝統と関連づけながら根本的に問題化したことがよく知られている。そうすることによって彼は、「本質的区別」に依拠するものとしての現象学の可能性そのものを揺るがせようとしたのだった[21]。一方、フーコーがその六〇年代の「考古学的」探究のなかで、現象学的ないし人間学的思考から身を引き離そうと企てる際、そこに見いだされることになるのは、終わりのない任務としての解釈の徹底した拒絶である。真理は我々から絶えず逃れ去ると同時に我々を呼び求めるものであるという想定のもとに、そうした真理を我が物とすべく際限なく努力するものとしての解釈が、人間学的思考にとっての特権的な道具であると同時に彼の「考古学的」方法の対極にあるものとして退けられることになるだろう。その解釈が、『夢と実存』への序論においては、まさしく人間を特権的対象として定める探究において要請されている。一九五四年のフーコーによる実存分析の企ては、このように、後の彼自身がそこから身を遠ざけようとする地点を正確に指し示しているのである。

ところで、人間学的探究における解釈が、指標においては逃れ去ってしまっている意味を取り戻すこと、つまり、喪失というネガティヴな契機から出発してそれを乗り越えることをその本質的任務とするものであるとするなら、まさしくこの点において、「序論」は、一九五四年のもう一つのテクストと交叉することになる。というのも、すでに触れておいたとおり、心理学の出発点には必ず病や異常というネガティヴな経験があることを指摘しつつ、その経験について問いかけるとともにそれを克服しようと目指すこと、これこそ、『精神疾患とパーソナリティ』の企図であるからだ。すなわち、「人間の学」の使命を果たすために五四年のフーコーによって辿られる二つの道は、ネガティヴなものの力およびそれが始動させる弁証法的な運動とのかかわりにおいて、再び合流するように思われるのである。このことを確認すべく、そのもう一つの道がいったいどのようなものなのか、これから検討していくことにしよう。

3　精神の病と脱疎外

病の心理学的要素

『精神疾患とパーソナリティ』は、フーコーの師でもあったルイ・アルチュセールの依頼により執筆された書物である。心理学の出発点としての病的経験について問いかけ、それを克服する術を見いだすべく、この小著は、まず第一部において精神の病の心理学的要素について検討し、次に第二部においてそれを現実の社会におけるさまざまな矛盾の経験に結びつけようと試みる。

まず第一部について。ここでフーコーは、精神の病のメカニズムのなかから「退行」、「防衛」、「病的世界」という三つの心理学的要素を抽出しつつ、それらの要素がそれぞれどのようなものなのか、そしてそれらのあいだにどのような関係があるのかということについて、以下のように分析している。

精神の病の特徴としてまず注目すべきこと、それは、病者において、複雑で不安定かつ意志的な諸機能が廃止される一方で、自動的で単純かつ安定した諸機能が逆に強化されるという点である。これによって示されるのは、精神の病が個人を心理学的発達における早い段階へと逆戻りさせるということである。病は、すでに獲得されたはずのものを消滅させ、乗り越えられてしまったはずの行動形態を呼び戻すということ。ここから、病が「退行」のプロセスとしてとらえられることになる。病者とは、いわば、子供に戻った大人のようなものであるということだ。とはいえこの「退行」は、単なる過去への逆行ではなく、病者による現在からの意図的な逃避とみなされるべきである。すなわち、病者が過去のある段階に退くとすれば、それは、病のなかで自らの現在の現実性を否定することで、自分が適応することのできない現状に対して自らを「防衛する」ためなのだ。ところで、そうした「防衛」のプロセスは、実は病者に固有のものではない。それは、常にすでにそこにある不安、「実存のアプリオリ」のようなものとしての不安から身を守る一つのやり方なのであり、その限りにおいて、あらゆる個人に共通のものである。それでは、そうした不安を克服することができず病者となってしまうのはいかなる場合であるかといえば、それは、一人の個人のうちに、完全な孤独と完全な客体性とに同時に支配された「病的世界」が構成される限りにおいてのことである。自分自身にとってのみ近づきうるものであると同時に自分自身の放棄を含意するという矛盾した統一性によって特徴づけられる世界、それが「病的世界」と呼ばれるものである。夢の世界とも近縁関係にあるそうした世界に囚われとなることによって、不安が、一人の個人にとって乗り越えがたいものとなるということ。病とは、「最悪の主体性のなかに引きこもることであると同時に、最悪の客体性のなかに転落することでもあるのだ[22]」。

病と社会的疎外

「退行」、「防衛」、「病的世界」という、病の「内的次元」を構成するとされる三つの要素について、フーコーはそのメカニズムを以上のように粗描する。そしてその後で、彼はただちに、そうした心理学的諸要素を自律的なものとみなしてはならず、精神の病の外的かつ客観的な条件を検討する必要があることを説く。「病的世界」に住まう限りにおいて人間が病者となるのであるとしたら、その病的世界がどのようにして構成されるのかということを、現実の世界そのものに問いかけることによって明らかにしなければならないのではないか。つまり、精神の病の「現実的起源」は、人間が実際に身を置く社会におけるネガティヴな経験のうちにこそ見いだされるのではないか、というわけだ[23]。こうして、『精神疾患とパーソナリティ』の第二部は、第一部において分析された三つの心理学的要素と、現実の社会的矛盾とのあいだに、以下のような関係を読み解くことになる。

まず「退行」のプロセスに関しては、社会が子供の生と大人の生とのあいだに還元不可能な距離をしつらえてしまったという歴史的事実がその基礎として見いだされる。すなわち、子供の行動形態が病者にとっての避難所になるとすれば、それは、子供にふさわしい世界を作り上げようという教育学的努力のなかで、一人の人間における子供としての生と成人としての生との分割が必要以上に強化されてきた結果なのだ、と。次に、現在からの逃避としての「防衛」の心理学的メカニズムは、現実の社会において人間同士が敵対関係に置かれていることによって作動するものであるという。競争や搾取、帝国主義や階級闘争などによって特徴づけられる現在の社会関係のなかで、人々は互いに対立し合い、他人に対して自己を守らなければならなくなったということだ。そして最後に、病者が逃げ込む場所としての「病的世界」は、夢の世界と同様、最も私的なものであると同時に拘束的な必然性を備えるものでもあるという逆説を孕んでいるわけだが、この逆説は、それを引き起こす現実の矛盾に対して二次的なものにすぎない。つまり、病的世界のなかに意識が閉じ込められるのは、機械的な合理性に支配された社会のなかで、意識が自らの自発性を失い、現実的拘束に服するからなのだ、と。人間が病者となるのは、社会的矛盾によって引き起こされる葛藤を乗り越えることができないときであるということ。病の現実的条件は、「そこにおいて人間が自らのうちの最も人間的なものを失う疎外の経験」のうちにあるということだ[24]。西洋の歴史は、精神を病む者を、「精神疎外者（aliéné）」、つまり自らの自由な意志を失ってしまった者として定義し、それによって病者を社会から排除しようとしてきた。しかし実際には、むしろ逆に、病理的な現象の起源を、社会における疎外（aliénation）の状況のなかに見いだすべきなのだ。「人は病んでいるがゆえに疎外されるのではなく、疎外されている限りにおいて病むのである」[25]。したがって、病をその心理学的次元に還元してはならない。心理学は、「もしそれが、あらゆる人間の学と同様、人間を脱疎外することを目的としなければならないということが本当であれば」[26]、そうした心理学主義を厄介払いして、精神の病の現実的条件に目を向ける必要があるのだ、とフーコーは主張するのである。

人間主義的マルクス主義

精神の病と社会的矛盾とを関係づけようとする以上の分析を最も明白なかたちで特徴づけているのは、もちろん、「人間が自らのうちの最も人間的なものを失う」こととしての「疎外」というテーマである。現実の人間に見合ったものではないブルジョア社会のなかで、人間の人間性が失われてしまっているということ。そしてそのように喪失したものを取り戻すことこそが、「あらゆる人間の学」にとっての問題であるということ。社会における人間の疎外と脱疎外とをめぐるこうした問題設定には、五〇年代フランスにおいて支配的であったある種のマルクス主義への賛同が端的に示されている。そして、そのようなマルクス主義を「社会主義的人間主義」と名づけつつ、一つの「イデオロギー」に他ならぬものとして告発するのが、まさしく、『精神疾患とパーソナリティ』の執筆をフーコーに依頼したアルチュセールその人である。

アルチュセールは、当時のマルクス理解において中心に据えられていた疎外論的テーマが、実はマルクスの若き日の作品のみを支配するものであり、後にマルクス自身によって根底から問題化されるものであることを示そうとする。すなわち、疎外とその克服をめぐって展開される思考は、常にすでに実在する「人間の本質」なるものを前提するわけであるが、後期のマルクスは、まさしくこの人間の本質というカテゴリーが理論的基礎として役立ちえないということを明らかにするのであり、マルクスが歴史についての科学的理論に到達することができたのも、こうした「人間学ないし哲学的人間主義の全体」から身を引き離したことによるのだ、と。(27)

後に『言葉と物』においてフーコーは、マルクスは西洋の知にいかなる断層も生じさせることはなかった、と言い放つことになるだろう。十九世紀の思考において、マルクス主義は、「水を得た魚のようなもの」だったのであり、ブルジョア経済学とマルクス主義との対立が煽り立てた波風は、子供の水遊びのようなものにすぎなかった、と。[28] しかしその彼も、その青年時代においては、彼と同世代の知識人たちのほとんどがそうであったのと同様、一人のマルクス主義者だったのであり、一九五〇年から一九五二年まではフランス共産党にも所属していた。『精神疾患とパーソナリティ』は、そうした彼のマルクス主義への帰属、それも、アルチュセールによって告発されるものとしての人間主義的なマルクス主義への帰属を、端的に示している。精神の病の起源を社会的疎外のうちに標定しつつ、「人間そのものについての反省[29]」に訴えていた一九五四年のフーコーは、いわば、当時支配的であった思潮のただなかを泳いでいたのである。

喪失と回収の弁証法

『精神疾患とパーソナリティ』を貫いているのは、したがって、一つの疎外論、「人間学ないし哲学的人間主義の全体」へと送り返されるものとしての疎外論である。人間が社会の矛盾のなかで「自らのうちの最も人間的なもの」を失うという経験を出発点としつつ、そのようにして失われてしまったものを取り戻そうと試みること。喪失したものの回収というこの任務は、すでに示唆しておいたとおり、一九五四年のもう一つのテクストで提示された解釈の企図と重なり合うものである。すなわち、意味を奪われた記号、いわば疎外された記号としての「指標」から出発しつつ、そのように逃れ去る意味を再び我が物としようとする企てとして、『夢と実存』への序論において提示されている解釈もやはり、ある種の「脱疎外」を目標とするものであるということだ。社会において失われた人間の本質を回復しようとするにせよ、夢において失われた意味を回収しようとするにせよ、一九五四年の二つのテクストはいずれも、喪失というネガティヴな経験から出発しつつ、そこで失われたと想定されているものの復元を目指すという任務を提示しているのである。「人間的現実」に対して与えられた至上権という共通の出発点から分岐した二つの道は、こうして、喪失と回収の弁証法と名づけることのできるような図式において再び合流するのだ。

晩年のいくつもの対談のなかで、フーコーは、若き日の自分自身が、マルクス主義、現象学、実存主義が支配する雰囲気のなかで思考していたことを、回顧的なやり方で語ることになる。[30] 五〇年代の彼のテクストは、そうした発言を明示的なやり方で裏づけるものであると言えるだろう。そして六〇年代の彼の「考古学的」探究は、かつての自分自身が囚われていた思考からの解放を第一の目標として設定することになる。人間の主体性に与えられた特権を引き受けつつ失われたものの回収という任務に身を委ねる代わりに、そうした特権、そうした任務がどのようにして歴史的に構成されたのかを明らかにしつつそこから身を引き離すこと、これが、フーコーの探究の企図そのものとなるのである。そうした自分自身からの離脱の試みがどのようにして開始され、どのような帰結をもたらすのかということについて、次章より、『狂気の歴史』を初めとする「考古学的」著作に順に問いかけつつ考察していくことにしよう。

第一章・注

（1） DE I, p. 150〔I 一五一頁〕
（2） DE I, p. 148〔I 一五〇頁〕
（3） DE I, p. 153〔I 一五五頁〕なおここで「人間的現実」と訳した《réalité humaine》というフランス語は、当時、ハイデガーの言う「現存在（Dasein）」の訳語としてしばしば使用されていた。
（4） DE I, p. 149〔I 一五〇頁〕
（5） DE I, p. 164〔I 一六六—一六七頁〕
（6） DE I, p. 164〔I 一六七頁〕
（7） DE I, p. 149〔I 一五一頁〕
（8） 一九五七年のもう一つのテクスト「科学的研究と心理学」において前面に押し出されているのもやはり、心理学的研究は人間のネガティヴな経験から出発して可能になったものであるということの主張である（DE I, pp. 180-181〔I 一八四—一八六頁〕）。
（9） DE I, p. 94〔I 七八頁〕

（10） DE I, p. 94〔I 七八―七九頁〕
（11） DE I, pp. 121-122〔I 一一五頁〕
（12） DE I, pp. 118-119〔I 一一一頁〕
（13） DE I, p. 104〔I 九一頁〕
（14） E. Husserl, *Husserliana*, XIX/1, The Hague, Martinus Nijhoff, 1984, p. 30 *sq*.〔『論理学研究２』、立松弘孝、松井良和、赤松宏共訳、みすず書房、一九七〇年、三三頁以降〕
（15） DE I, p. 102〔I 九〇頁〕
（16） DE I, p. 107〔I 九六頁〕
（17） DE I, p. 145〔I 一四六頁〕
（18） E. Husserl, *Husserliana* XIX/1, *op. cit.*, p. 38〔『論理学研究２』、前掲書、四一頁〕
（19） *Ibid.*, p. 41〔同書、四五頁〕
（20） E. Husserl, *Husserliana*, XIX/2, The Hague, Martinus Nijhoff, 1984, p. 768〔『論理学研究４』、立松弘孝訳、みすず書房、一九七六年、二七〇頁〕
（21） 生きられた経験は「直接的に確実であり自己に現前する」というこの公準を、デリダは、一九六七年の著作『声と現象』において、それを形而上学的伝統と関係づけつつ告発する。現象学的哲学を創始するフッサールの身振りを仔細に検討しているこの書物において、デリダは、現象学の発展のすべてが、『論理学研究』において打ち立てられた「本質的区別」に依って立つということ、そしてこの区別が、西洋哲学の伝統において根源的現前に付与されてきた特権に依拠しているということを示そうとする。つまり、「本質的区別」のうちに刻みつけられている「形而上学への帰属」を告発することによって、デリダは、現象学の可能性そのものを揺るがせようとするのである（J. Derrida, *La Voix et le Phénomène*, Paris, P.U.F., 1967〔『声と現象』、林好雄訳、ちくま学芸文庫、二〇〇五年〕）。
（22） MMPer., p. 69〔一一二頁〕

(23) MMPer., p. 89〔一四七頁〕
(24) MMPer., p. 83〔一三七頁〕
(25) MMPer., p. 103〔一九九頁〕
(26) MMPer., p. 110〔二〇七頁〕
(27) L. Althusser, *Pour Marx*, Paris, La Découverte, 1986, pp. 232-255〔『マルクスのために』、河野健二、田村俶、西川長夫訳、平凡社ライブラリー、一九九四年、四〇一―四三七頁〕
(28) MC, pp. 1320-1321〔二八一頁〕
(29) MMPer., p. 2〔一〇頁〕
(30)『ミシェル・フーコー思考集成』所収の以下のテクストにおける発言を参照。「構造主義とポスト構造主義」(DE II, p. 1253〔IX 三〇二―三〇三頁〕)、「ある情念のアルケオロジー」(DE II, p. 1427〔X 六七頁〕)、「ミシェル・フーコーのインタビュー」(DE II, p. 1484〔X 一四九頁〕)。

第二章

狂気の真理、人間の真理

これから一九六〇年代以降のフーコーの言説を検討していく、その前に、『夢と実存』への序論に掲げられていた一つの研究計画に触れておきたい。この一九五四年のテクストの冒頭においてフーコーは、「人間に関する現代的反省の展開」に関する著作を予告していた。その著作では、「現象学の人間学への屈折を辿りながら、人間に関する具体的反省に対してどのような基礎が提示されたのかを示す」ことが目指されることになるだろう、と[1]。この計画は、ある意味において、人間をめぐる近代的思考の歴史的形成を扱った彼の六〇年代の探究によって、ただし当初の企図とは全く異なるかたちで実現されることになる。すなわち、彼の「考古学的」探究は、人間学的反省を基礎づけているものについて問いかけながら、その基礎が実は歴史のなかで比較的最近構成されたものにすぎず、極めて不安定なものであることを明るみに出すのである。一九六〇年代以降のフーコーにとって、人間学的探究は、もはやそれを基礎づけつつ自らに引き受けるべきものとしてではなく、歴史的精査を通じて根本的に問いに付すべきものとして現れるのだ。

人間主体の特権化からその問題化へという、フーコーにおけるこうした転回は、これもやはり、当時の思想的文脈から切り離すことはできない。一九五〇年代後半から一九六〇年代にかけてのフランスにおいて、それまで支配的であった思潮に対する窒息感が生まれるとともに大きな変革がもたらされるということ、これは後にフーコー自身によっても語られていることである[2]。実際、一九六〇年代のフランスでは、構造主義に代表される新たな波が訪れて、旧来の主体性の哲学はその主導権を奪われることになる。サルトルやメルロ゠ポンティらの哲学に代わって、レヴィ゠ストロースの人類学やジャック・ラカンの精神分析学などが、主体の至上権を根本的に問いに付すものとして脚光を浴びるのであり、人間学をめぐるフーコーの方向転換も、ある程度まで、そうした変革のうちに組み入れることのできるものであると言えるだろう。

それでは、時代の動きと連動したフーコーのそうした方向転換、自らがかつて囚われとなっていた思考の地平からのそうした離脱は、どのように開始されるのだろうか。この問いに答えるべく、この第二章では、最初のフーコー的書物としての『狂気の歴史』を考察の中心に据えるとともに、カント『人間学』への序論、さらには『精神疾患と心理学』にも訴えながら、以下のことについて順に検討していきたい。まず、五〇年代の探究においても中心的テーマとして扱われていた心理学ないし精神医学の問題が、狂気をめぐる歴史的探究においてどのようなやり方で新たにとり上げ直されるのかについて。次に、そうした探究のなかで、かつてのフーコーが帰属していた人間学的思考の地平がどのように問題化されるのかについて。そして最後に、そのような問題化にもかかわらず、狂気に関するフーコーの言説のなかには依然として、彼の前史に属する要素が残存しているということについて。

1　監禁と狂気

『精神疾患と心理学』

『狂気の歴史』は、一九六一年にソルボンヌ大学に提出された博士論文である。この著作と、五〇年代の前フーコー的テクストとの隔たりを測るために、まず、一九五四年の『精神疾患とパーソナリティ』が、大幅な加筆訂正とともに、『精神疾患と心理学』という新たなタイトルのもとで一九六二年にあらためて出版されるという事実に注目したい。というのも、とりわけその第二部において行われている抜本的な書き直しは、一九六〇年代初頭のフーコーの言説に生じた転回を端的にしるしづけているように思われるからだ。実際、その新たな第二部に目を通してみるとき、そこに見いだされるのは、いわば『狂気の歴史』の内容の要約である。したがって、フーコーが自分自身からの離脱の作業にどのように着手するのかということに関する考察を、六二年の書物と五四年の初版との差異を明確に示すことから始めてみよう。

一九五四年の『精神疾患とパーソナリティ』は、精神の病の「起源」を、歴史のなかで人間社会にもたらされた疎外的状況のなかに標定しようと試みていた。これに対し、『精神疾患と心理学』が問うのは、かつては狂気の名のもとに多様なやり方で経験されていたものがついには精神の病という単一の形象に還元されてしまうという、この歴史的変化が、いったいどのようにして起こったのかということである。つまり、依然として精神の病と歴史との関係が問われているとはいえ、一九六二年の版において問題となるのは、人間の精神が病を患うその原因を歴史のなかに探ることではもはやなく、狂気が全面的に病として構成されるに至る歴史的プロセスを明らかにすることなのである。

そしてそうした新たな探究のなかでとくに注目すべきものとされるのが、十七世紀および十八世紀のヨーロッパにおいて大々的に行われていた狂者たちの監禁の実践である。

狂気と監禁制度

フーコーによれば、十六世紀における狂気は、「あたりを歩き回り、一般の背景や言語の一部をなしていた」という[3]。つまり、当時の人々にとって狂気は日常的に出会うものであったということ、狂者とされた人々は基本的に自由を享受していたということだ。しかし十七世紀の半ば以降、ヨーロッパ全土に監禁施設が創設され始めるとともに、狂者たちは、「理性、道徳、社会の秩序に対して「変調」の徴候を示す人々」の一員としてそこに閉じ込められることになる[4]。フーコーが「古典主義時代」と呼ぶこの時代において、狂者たちは、貧困者、物乞い、怠け者、性病患者、浪費家などといった人々とともに、社会的排除の対象とされるのである。そして十八世紀半ば、こうした収容空間が経済的、政治的な理由のもとに徐々に解体され始めるにつれて、狂気には再度新たな地位が与えられ、狂者こそがその空間を占有すべき者とされることになる。すなわち、監禁制度の破綻によって他の被監禁者が「解放」されるなかで、狂者だけが、家族や社会に対して危険であるとみなされることによってそれ以後もなお閉じこめられ続けるということだ。精神医学の歴史を科学と人間性の勝利という観点から書こうとする人々は、好んで、十八世紀末の狂者の解放を語る。しかし当時、実際に解放されたのは、狂者以外のすべての人々だったのであり、逆に狂者の方は、「監禁制度を自然に相続する者、いわば古くからの排除の措置を受ける資格を特権的に有する者[5]」として、今や精神病院に姿を変えたその場所においてさらに強い拘束を被ることになるのである。

狂者たちの排除という歴史的事実への言及は、確かに、一九五四年の初版にも見いだすことができる。しかしそこでは、「狂者のうちに、その病を可能にした諸矛盾のスキャンダラスな表現を見ないようにするため」にこそ、狂者たちが社会空間から追い払われ、閉じ込められたのだ、とされていた[6]。狂者の排除は、いわば、ブルジョア社会の自己欺瞞のようなものとしてとらえられていたのである。これに対し、『精神疾患と心理学』は、監禁の実践を、そのように狂気の起源の隠蔽として告発する代わりに、新たな狂気経験の成立をもたらしたものとみなすことになる。すなわちそこでは、狂者が他のさまざまな人々とともに監禁され、次いでその監禁空間を占有するようになるという、一連の出来事が、十八世紀末に狂気が精神の病として実証的精神医学の対象となるための重要な契機を構成するものとして示されるのである。

実証的精神医学の誕生

　では、監禁制度の設立およびその変容は、いったいどのようにして、新たな狂気経験をもたらし、狂気の新たな定義を課すことになったのだろうか。この問いに対する返答を求めるには、もはや『精神疾患と心理学』にではなく、『狂気の歴史』に問いかける必要がある。この一九六一年の著作のなかで、フーコーは、狂気が、監禁制度の歴史的変容を通じて実証的精神医学の対象として成立するプロセスを、三つの決定的な契機を挙げつつ以下のようなやり方で分析している。

　まず、監禁空間が医学化されるということ。狂者によって監禁空間が占有されるやいなや、あたかもそれが、狂気とその収容施設とのあいだの必然的な絆によってもたらされた帰結であるかのようにみなされることになる。そしてそこから、監禁空間は、狂気にとって二重の意味で特権的な場とされる。すなわち、監禁施設こそが、「狂気の真理の場であると同時にその消滅の場」であると考えられるようになるのである[7]。狂者たちの収容が、狂気の秘密を露わにしつつ狂気を治癒へと導く役割を担うようになるということ。こうして、それまでは単なる雑多な閉じこめの施設であったものに対し、次第に医学的な価値が付与される。収容施設が精神病院となり、狂気が治療すべき対象となるのである。

　次に、狂気に対する客観的視線が形成されるということ。監禁空間において、狂者たちは、彼らがそこに閉じこめられているという意味においてその自由を奪われていた。ところが、狂者に対して監禁の実践の帰結として課せられたにすぎぬ自由の消失というこの状況が、以後、その起源が忘れ去られることによって、「狂気の基礎、秘密、本質となる」[8]。原因と結果の取り違えによって、狂気は、人間が本来持つべき自由を失ってしまった状態として定義づけられることになるのである。そしてここから、狂気に対し、事物に対して注ぐのと同様の視線を注ぐことが正当化される。理性的な人間にとって狂気は一つの客体にすぎぬものになるということであり、こうして、狂気に関する客観的認識の可能性が開かれることになるのだ。

そして最後に、狂気が内面化されるということ。ここで起こるのもやはり一つの取り違えである。監禁制度の黎明期において、狂気に冒された者と悪徳に身を委ねた者とは、区別されることなく同一の空間に置かれていた。監禁の帰結としてもたらされた狂気と悪徳とのそうした地理的な近さが、次第に、それらのあいだの内的な関係とみなされるようになる。狂気が道徳的な欠陥に属するものとして扱われるようになるということであり、「道徳療法」と呼ばれる処罰的な治療法の登場はこのことを端的に表している。そしてそのように道徳的な意味を担うものとして、狂気はもっぱら、人間の魂の次元、人間の内面性の次元における混乱としてとらえられるようになる。かつては身体と精神とにともにかかわる現象として扱われ、そのようなものとして治療が試みられてもいた狂気に対し、このとき初めて、心理学的な地位および構造が与えられることになるのだ。プシケの学、「人間のなかにある最も内面的なもの」を対象とする心理学が、こうして可能になるのである[9]。

監禁空間の再編成のなかで、狂気が医学化され、客体化され、内面化されるということ。狂気は以後、客観的に把握可能な精神の病として自らを差し出すようになるということだ。狂気が一つの「科学的」対象として構成されるため、実証的精神医学がその可能性の条件を見いだすために、監禁の実践とその歴史的変容が大きな役割を果たしたのだということを、『狂気の歴史』は以上のようなやり方で示すのである。

とはいえフーコーは、狂気が精神の病に還元されるに至る歴史的プロセスを、制度上の変化との関連のみによって説明しようとしているわけではない。監禁空間の再編成によってもたらされた帰結について詳述した後、彼は、狂気をめぐる新たな考え方が、実は、知に固有の領域における「一つの隠された整合性」を準拠としていることを示そうとする。そして、新たな狂気経験に含意されるものとして告発されるその整合性とはまさしく、「科学的定式化の多様性の下を流れそこに維持されている人間学的思考」の整合性である[10]。つまり、かつて自らが全面的な賛同を示していた思考の地平が、ここでは、検討に付すべき一つの問題として浮上しているのだ。したがって今度は、狂気とそうした「人間学的思考」との関係が六一年の著作のなかでどのようなものとしてとらえられているのかを見ていくことにしよう。それによって、人間学的探究に身を委ねていた五〇年代のテクストと『狂気の歴史』との隔たりが、さらに明確に示されることになるだろう。

2　人間学的錯覚

狂気の真理から人間の真理へ

すでに見てきたとおり、フーコーによれば、十八世紀末に狂気は、人間の内面性のうちに組み入れられると同時に、人間の視線に余すことなく与えられるものとなる。狂気は、人間の魂とのあいだに本質的な関係を結ぶ一方で、認識に対しては一つの客体として自らを提示するようになるということだ。そしてここから、人間主体の認識における狂気の特異な地位が生じることになる。すなわち、狂気は、人間の内面性が自らを客観的認識にさらけ出す最初の契機となるのである。客体化された狂気が、今度は、人間を客体化するということ。狂気の媒介によって、人間の内なる真理を外へと導くための通路が開かれるということだ。こうして人間は、自分自身に関する「具体的で客観的な真理」を、狂気を通して得ることになる。「人間から真の人間へと至る道は、狂気の人間を経由するのである[11]」。

ところで、やはりフーコーが示したところによれば、そもそも狂気が単なる客体の地位へと追いやられたのは、狂気が人間本来の自由の喪失をその本質とするものとみなされるようになったことによる。狂気が「精神疎外（aliénation mentale）」として定義され、そのようなものとして扱われるようになったということだ。したがって、真の人間に達するためには狂気の人間を経由する必要がある、とはすなわち、人間が自分の真の姿を見失い、自身にとって無縁な者になってしまったときに初めて、人間の真理への接近が可能になるということである。人間とは何かという問いに対して答えるには、喪失という契機を経なければならないということ。すでに五〇年代のフーコーも、実証的《ポジティヴ》な心理学が、人間のネガティヴな経験から出発して初めて可能になったという逆説に言及していた。この逆説をとり上げ直しながら、『狂気の歴史』は、「真なる存在」としての人間は「疎外という形態においてしか与えられない」ことを強調する[12]。人間の真理は、「すでにそれ自身とは別のものとなったときにしか現出しない」ということだ[13]。そしてそのように人間主体の内なる真理が、それが消失するときにのみその姿を垣間見せるものであるとするなら、それを把捉しようとする任務は、そもそもの最初から、喪失したものの回収という形態を帯びることになるだろう。狂気を経由して真の人間に到達しようとする心理学的探究は、何よりもまず、「脱疎外」を目指すものとして現れることになるのである。

人間学的公準

狂気と人間の真理との関係についてフーコーが暴き出す以上のような一連の考えは、明らかなやり方で、五〇年代の彼自身のテクストのうちに見いだされた思考の図式を指し示している。実際、『狂気の歴史』は、十九世紀以降の狂気経験が人間学的思考の整合性を準拠とするものであることを指摘しつつ、そうした思考が含意する公準を次のように定式化している。

> 人間存在は真理とのある種の関係によって特徴づけられるのではない。そうではなくて、人間存在は、一つの真理を、与えられると同時に隠されたかたちで、自らに固有に帰属するものとして保持する。(14)

人間は、自らに固有の真理を確かに所持しているということ。ただしその真理は人間自身に対してポジティヴなやり方で差し出されてはいないということ。狂気というネガティヴな経験が人間に関する探究において固有の地位を獲得するのも、人間の真理がそのように自らを隠蔽しつつ与えられていると想定されているからなのだ。

人間学的公準と新たな狂気経験とのある種の共犯関係をこのように告発することによって、『狂気の歴史』は、前フーコー的言説からの決定的な隔たりをしるしづけている。『夢と実存』への序論において問題となっていたのは、夢において立ち現れると同時に逃れ去る実存の意味を回収しようと企てることであった。また、『精神疾患とパーソナリティ』は、精神の病の起源を社会的疎外のうちに標定しつつ、そこで失われた人間の人間性を取り戻すことを最終目標として設定していた。要するに、それら五〇年代のフーコーのテクストはいずれも、人間は自らに固有の真理を保持するという前提のもとに、人間が絶えず取り逃すその真理をどのようにして回収すればよいかを問題としていたということだ。そうした人間学的探究を、六一年の著作はもはや、人間存在という対象の絶対的特権によってあらかじめ価値づけられたものとして自らに引き受けたりはしない。そこでは、人間が自らに固有のものとして所持するとされる真理をその消失という契機から出発して再び我が物とするという任務が、それ自体、歴史的な文脈のなかに位置づけながら問題化すべきものとしてとり上げ直されているのである。

ただし、『狂気の歴史』においてフーコーはここで足を止める。確かにこの著作では、近代の狂気経験が拠り所としている人間学的思考の整合性が、「構成的基底であると同時に歴史的に可動的なもの」であること[15]、それが十八世紀の終わりごろに構成されたものであることが語られてはいる。しかし、それではそうした整合性がいったいどのようにして形成されたのかに関しては、そこでは問われていない。「人間学的構造[16]」の歴史性が告発されてはいるものの、そうした構造そのものに関する歴史的探査はなされていないのである。

『人間学』への序論

ところで、「人間学的構造」がどのようにして成立したのかという、『狂気の歴史』において正面からとり上げられていないその問題こそ、まさしく、一九六一年のフーコーのもう一つのテクストが直接扱っている問題である。カントの『人間学』への序論として書かれ、博士号取得のための副論文の一部として提出されたそのテクストのなかで、フーコーは、批判哲学と人間に関する反省とのあいだの関係を分析しつつ、カント以後の哲学のうちに、人間学的な問いが西洋文化の哲学的領野において絶対的特権を獲得した契機を標定しようとしているのである。そこで今度はこちらに目を転じ、人間とその真理に関する公準がいかにして歴史的に形成されたのかということについて問いかけてみることにしよう。

当初は出版の対象とならず、フーコーの死後二四年を経た後にようやく公刊されることになったこのカント論によれば、カント以後の西洋哲学は、それに固有の一つの錯覚に陥ってしまっているという。その錯覚とは、カントが告発した「超越論的錯覚」から派生したものとしての「人間学的錯覚」である。

カントの批判哲学は、認識の可能性と限界について検討しつつ、我々が認識しうるのは感性的直観の対象としての「現象」のみであり、我々にそうした対象を与えてくれる原因としての「物自体」については、我々はそれを決して知りえない、ということを示してみせた。そして、そのようにして課された限界を超えて「物自体」に接近しようとする企てを「超越論的錯覚」として告発すると同時に、そうした錯覚が我々にとって必然的に生じるものであることを指摘したのだった。ところで、フーコーによれば、カントによって「真理、現象、経験の一つの構造」として発見されたその必然性は、次第に、「有限性の具体的な傷痕のうちの一つ」として解釈されるようになっていく。つまり、カントが「超越論的仮象」において「少なからず両義的なやり方で「自然な（naturel）」ものとして指し示していたもの」が、対象との関係の根本的な形式としては忘れ去られ、有限な人間の「自然本性（nature）」として回収されるようになるということである。

こうした「意味の地すべり」とともに人間の有限性に繫ぎ止められることによって、超越論的錯覚は、人間が真理を失うと同時に真理によって絶えず呼び求められるという動きの起源に見いだされることになる。認識の歩みを経験の限界を超えて進めようとするものとしてのその錯覚は、いわば「真理の真理」のようなもの、つまり、絶えず人間から逃れ去りながら人間に自らを課すという真理の在り方を、真理から一歩退いた地点において示すものとなるのである。[17]

そしてまさしくここにもう一つの錯覚が、いわば超越論的錯覚の「裏面」のようなものとして生じることになる。というのも、今や「真理の真理」となった超越論的錯覚を説明するために、そうした「傷痕」を残した人間の根源的有限性そのものへと遡ろうとする「反省的後退」が課されるようになるからだ。そこで問われるのは、人間が真理とのあいだに取り結ぶ関係の基礎にあるとされる有限性である。すなわち、客体に関して「悟性の諸原理を経験の限界を超えて適用しようとすること」としての超越論的錯覚が、いわば主体の側にずらされて、以後、主体の経験の基礎に到達することを目指すものとしての「人間学的錯覚」として現れることになるのである。[18]こうして、西洋哲学は、人間の主体性を自らの出発点としつつ、人間の経験の基礎にあるものを認識のうちに回収しようとする終わりのない任務に身を委ねることになるのだ。

批判哲学と人間学

批判哲学と人間学的思考との関係をめぐるフーコーの以上の分析に関しては、ハイデガーによるカント読解を参照することで、その射程をより明確に把握することができるように思われる。というのも、ハイデガーは、やはりカント哲学と人間学との深いつながりを指摘しつつ、それをいわば肯定的なやり方でとらえているからだ。つまり、「超越論的錯覚」からの「人間学的錯覚」の派生に関するフーコーの告発は、ハイデガーに見いだされるような「哲学的人間学」の称揚に対する一つの異議申し立てとして読み解くことができるように思われるのである。

ハイデガーは、『カントと形而上学の問題』のなかで、自らの時代が人間学的問題に専心していること、そしてそうした人間学的探究が、ただ単に人間に関する真理を求めるのみならず、「真理とは一般に何を意味しうるか」を決定しようとしていることを指摘する。[19] そして彼によれば、哲学の本質的問題がそのように人間学的反省のうちに集められているというこのことこそ、カントの批判哲学の真の帰結であるという。実際、『論理学』のなかでカントは確かに、人間理性の関心の全体が、「私は何を知ることができるか」、「私は何をなすべきか」、「私には何を希望することが許されているか」という、三つの「批判」によって提出された三つの問いのうちに含まれているとみなしつつ、それら三つの問いを、「人間とは何か」という第四の問いに帰着させていた。[20] しかしそれら三つの問いがそのように第四の問いに関係づけられ、「人間学に算入されうる」[21] のは、いったいなぜだろうか。ハイデガーによれば、それは、「批判」の三つの問いのすべてが、自分自身の有限性をめぐる人間理性の関心にもとづいているからであるという。

まず、自分には何ができるのかと問いかける存在は、そうした問いによって自らの無能力を指し示す。というのも、全能の存在であれば、決してそのような問いを発することはないからだ。次に、自分がなさねばならないことに関心を持つような存在は、そうした関心によって、自らが「然り」と「否」とのあいだで躊躇する不完全な存在であることを示す。最後に、何を期待することができ、何を期待することができないかを問う存在は、期待するということが必然的に含意する一つの欠如を明らかにする。このように、人間理性の最も近しい関心を表すとされる三つの問いは、無能力、不完全、欠如としての人間理性の有限性を暴露するとともに、それらに含まれる人間理性の関心がまさしくその有限性に集中していることを示す。そのようなものとしての有限性は、人間にとっての単なる偶有的な属性ではあるまい。そうではなくて、それは、人間理性に固有の有限性、人間理性の基礎をなす有限性であるということになろう。能力、義務、希望に関する問いが、「人間とは何か」という問いに還元されうるとしたら、それは、それらの問いが、「人間の存在の根本態勢」とみなされた有限性にかかわるものであるからなのだ[22]。人間理性の有限性は、可能、当為、許容にかかわる問いを基礎づけるものであると同時に、まさにそうした問いによって問い求められるものでもあるということ。人間理性は、「有限であるがゆえに、しかも人間理性にとってその理性的存在においてこの有限性そのものが関係するほど有限であるがゆえに、これらの問いを提起する」ということだ[23]。人間の有限性は、カントとともに、人間理性の最も近しい関心の基礎にあるものとして現れると同時に、そうした関心が向けられる特権的対象ともなるということを、ハイデガーは示そうとするのである。

人間学的錯覚

以上のとおり、ハイデガーは、批判哲学から人間学への移行を必然的なものとみなしつつ、人間の根源的有限性に関する問いかけをカント哲学の「真の帰結」として評価していた。『人間学』への序論でフーコーが提出する分析は、まさしく、これに対して根本的に異議を申し立てるものである。確認したとおり、フーコーは、有限性をめぐる人間学的問いかけの始まりを、一つの錯覚によるものとして糾弾する。つまり彼は、そうした問いかけを、経験の限界を超え出ようという前批判的企てを客体の側から主体の側へと滑り込ませたものとして告発しているのだ。人間存在の基礎にあるものとして見いだされた有限性をめぐるこの問題を、フーコーは後の著作において、なかでもとりわけ『言葉と物』において再びとり上げ直すことになるだろう。そしてそこでは、この問題が、もはやカントおよびカント以降の哲学のみにかかわるものとしてではなく、西洋の認識論的布置一般にかかわるものとして扱われることになるだろう。人間における有限性への価値付与という主題が、西洋のエピステーメーをめぐる歴史的探究のなかであらためて問題化されることになるのだ。西洋文化における「人間」の登場とそれに伴う「人間学の眠り」について語ることになるそうした「考古学的」探査に対し、一九六一年のフーコーのカント論は、経験的なものから出発して経験を基礎づけるものへと赴こうとする「哲学的人間学」の企てを問いに付すことによって、その端緒を与えているのである。

一九五四年の二つの前フーコー的テクストは、人間存在を特権的な対象として設定しつつ、その人間存在から逃れ去るものを回収するという任務を自らに引き受けていた。これに対し、一方において『狂気の歴史』は、そのような特権およびそのような任務に我々を歴史的に繋ぎ止めてきた「人間学的構造」を、狂気の真理をめぐる探究と共犯関係にあるものとして明るみに出す。そして他方、『人間学』への序論は、そうした構造の歴史的成立とカント哲学との深い関係を指摘するとともに、それがいかなるかたちで西洋哲学に重くのしかかってきたかということを示そうとするのである。一九六一年のフーコーはこのように、五〇年代に自分自身が専心していた任務から身を引き離すとともに、そうした任務を要請していた思考の構造そのものを問いに付すことになるのだ。

3　疎外された狂気

削除された序文

したがって、『狂気の歴史』および『人間学』への序論が、フーコーにおける一つの重要な断絶をしるしづけているということ、これに疑いの余地はあるまい。とはいえ、かつて彼が帰属していた思考の地平が、ここで一度に決定的なやり方で遠ざけられてしまったというわけではない。というのも、一九六一年の著作には、人間学的思考との決別の努力が明確なやり方でしるしづけられている一方で、そうした思考の名残が依然として見いだされるようにも思われるからだ。そのことを示唆しているのが、一九七二年に『狂気の歴史』が再版される際、初版に掲げられていた序文が削除されるという事実である。つまり、一九六一年の著作、とりわけその序文には、後のフーコー自身によって許容しがたいものが含まれていたらしいということ、そしてそのように許容しがたいとみなされたものこそまさしく、前フーコー的な要素の残存であるように思われるということだ。

では、一九六一年の序文のなかのどのような記述が、一九七二年の彼自身にとってはもはや受け入れられぬものとなるのだろうか。そしてその記述が人間学的思考への帰属を示すものであるとしたら、それはいったいいかなる点においてであろうか。

狂気それ自体の歴史

まず、第一の問いに答えるために、一九六九年の著作『知の考古学』のなかで『狂気の歴史』についてなされている自己批判に注目したい。自らの研究方法に関する理論的な考察を試みているこの著作において、フーコーは、狂気に関する「考古学的」研究に言及しつつ、そうした研究が目指すのは「狂気それ自体がかつてそうでありえた姿」の再構成ではない、と述べる。すなわち、狂気として現れるもののうちに、「ほとんど分節化されていない原始的で根本的かつひそかなある種の経験に対してまず与えられ、次いで言説とそのしばしば狡猾な遠回しの操作によって組織化されたもの」があると想定しつつ、それを再び見いだそうとするやり方は、自らの探究のやり方と相容れるものではない、と[24]。そしてこの記述に関して、フーコーはそれが、『狂気の歴史』において明白なやり方で示されていたテーマ、それもとりわけその序文において何度も現れていたテーマに対する批判であると注記している[25]。実際、後に打ち捨てられることになるその序文においてフーコーは、自らの研究にとっての問題を以下のように提示していたのだった。

問題は、認識の歴史ではなく、一つの経験の初歩的な動きである。精神医学の歴史ではなく、知によるあらゆる捕獲以前の、生き生きとした状態における狂気それ自体の歴史である[26]。

客観主義的な知によってすでに捕獲されたものとしての狂気ではなく、「狂気それ自体」をその対象とするような歴史研究、狂気の「野生の状態[27]」を想定しつつそれに接近しようと企てるような歴史研究を、一九六一年の著作は目指していたということ。そのような歴史研究が、一九六九年のフーコーによって真っ向から否定されることになるのである。したがって、一九七二年版『狂気の歴史』からの序文の削除は、「狂気それ自体」というテーマ、野生ないし自由な状態における狂気というテーマをめぐるこうした自己批判に由来するものと考えることができるだろう。

沈黙の考古学

ところで、フーコーをそうした自己批判へと導いたと推定されうるいくつかの契機のうちの一つとして、デリダによって『狂気の歴史』に関して行われた批判的分析を挙げることができる。というのも、「コギトと狂気の歴史」と題された一九六三年の講演、フーコーもその場に居合わせたというその講演において、デリダは、まさしく「狂気それ自体」の歴史を書くという企てのうちに、『狂気の歴史』という書物の「不可能性そのもの」を読み解こうとしているからだ。[28]「狂気それ自体」の歴史を書こうとすること、それは、デリダによれば、精神医学的ないし心理学的言語において狂気について語るかわりに、「狂気それ自体」によって語らせようとすることである。つまりフーコーは、狂気が、自らの書物の「主題（sujet）」であると同時にその「主体（sujet）」となることを望んだのだ、というわけだ。[29] しかしそれでは、すでに客体の地位に貶められた狂気「について」語る理性の言語を拒絶しつつ、狂気自身の言葉に耳を傾けるには、いったいどのようにすればよいのか。というのも、フーコーによれば、十八世紀末以来、理性と狂気との対話が決裂することによって狂気からは言葉が奪われてしまい、まさしくそうした狂気の沈黙をその基礎として打ち立てられたのが「狂気についての理性の独白である精神医学の言語」であるからだ。したがって、「狂気それ自体」の歴史を書く、とは、いわばそうした沈黙に対して言葉を与えること、「沈黙の考古学」を企図することとなるだろう。[30]

理性の独白を退けて狂気の沈黙に言葉を返還しようという、そうした企図に対して、デリダは、その可能性そのものを問題化しつつ異議を唱える。彼によれば、「狂気の追放を実行したとされる歴史的言語の全体から全体的に解放されること[31]」を目指すのであれば、自分自身も沈黙するか、もしくは狂気とともに追放されるしかない。というのも、たとえそれが理性による捕獲以前の狂気の歴史であるとしても、何らかの歴史を書こうと企てるや否や、結局は理性の側に立ち、理性の言語を用いるしかないからだ。「理性に訴えることによってしか理性に対抗することができず、理性のうちでしか理性に抗議することができない[32]」ということ。したがって、理性の言語を逃れつつ「狂気それ自体」の歴史を書こうとする企図は、そもそもの最初から、その不可能性をしるしづけられているのだ、と。

このように狂気の歴史を書くことそのものが孕んでいる問題点に言及した後、デリダは、この講演の本題へ、すなわち、『狂気の歴史』において提示されているデカルト読解に関する分析へと移る。方法的懐疑のプロセスのなかでデカルトは狂気の脅威を完全に排除しており、これが西洋における理性と狂気との分割をしるしづけているのだ、とするフーコーの主張について、デリダはそれを、「フーコーの企図全体の持つ意味[33]」を集約するものとみなしつつ覆そうとするのである。この点に関して、フーコーは、一九七二年版の『狂気の歴史』に補遺として付された小論「私の身体、この紙、この炉」のなかでデリダへの反論を提示し、自らのデカルト読解の正当性を主張することになる[34]。しかしその一方で、「狂気それ自体」の歴史を書くという企てをめぐる批判に対しては、反論が試みられてはいない。それどころか、まさしくその同じ一九七二年版においては初版の序文が削除されるというかたちで、それに対するいわば消極的な応答が示されているのだ。野生の狂気に語らせようという企図、デリダがその不可能性を暴き出そうとしたその企図は、後のフーコーにとってはもはや受け入れがたいものとなってしまっているのである。

疎外された狂気

それでは次に、序文の削除に関して掲げておいた第二の問いに移ることにしよう。「狂気それ自体」というテーマが確かに問題を孕むものであるとして、そのテーマは、かつてフーコー自身が帰属していた思考の地平、すなわち人間学的思考の地平に、いかなるやり方で送り返されるのか。この問いに関しては、「『狂気の歴史』の源泉へ」と題されたピエール・マシュレーの論考が、それに答えるための大きな示唆を与えてくれる。『精神疾患とパーソナリティ』とその改訂版『精神疾患と心理学』との比較検討を試みたこの小論のなかで、マシュレーが描き出そうとするのは、一九六二年に行われた書き直しの「限界」である。彼によれば、『狂気の歴史』によってもたらされた成果を反映して大幅な加筆修正がなされているにもかかわらず、『精神疾患と心理学』には、一九五四年の版に示されていたものと「対称をなす一つの新たなフィクション、一つの新たなユートピア」が見いだされるというのである[35]。

マシュレーが注目するのは、『精神疾患と心理学』における、「解放され、脱疎外されて、いわば自分本来の言語に復元されたものとしての狂気」への言及である。フーコーはそこで、精神の病と呼ばれているものは「疎外された狂気」にすぎないと語りつつ、そうした疎外状態から解放された狂気なるものを想定しているわけだが[36]、マシュレーによれば、そのような想定は「新たな神話」によって支えられているという。つまり、『精神疾患とパーソナリティ』に提示されていたようなものとしての「脱疎外された人間の本質」をめぐる神話が放棄される、その一方で、「本来の真理を変質させたり「没収」したりする制度的かつ言説的なシステムの手前で、その根源的な自然本性のうちに執拗に存続する本質的狂気」をめぐるもう一つの神話が、それに取って代わっているのだ、と。[37] 自分自身とは異質なものとなってしまった状態においてしか与えられないとはいえ、発見されるべきものとして常にすでにそこにあるような一つの真理が、狂気に固有のものとして想定されているということ。人間の本質から狂気の本質へと標的がずらされてはいるものの、そこで問題となっているのは依然として、疎外とその克服なのである。

ネガティヴなものの力

そしてマシュレーが一九六二年の著作に標定する「新たな神話」は、『狂気の歴史』においても見いだされるものである。監禁空間の変容のなかで狂気に対する客観的視線が形成されるプロセスについて分析しつつ、フーコーはここでもやはり、「狂気は、それが受け取る客体の地位において、自分自身に対して疎外される」と語っているのだ。[38] 実証主義的な心理学ないし精神医学の対象とされるのは、自らの本質を失い、自分自身とは無縁となってしまった狂気であるとみなされているのである。したがって、一九六一年の序文に見いだされた記述が、いかなる意味において人間学的思考の名残とみなされるのかということは、もはや明らかであろう。知によって捕獲される以前の「狂気それ自体」とは、マシュレーが一九六二年の著作に見いだした神話的形象、すなわち、客観的視線の届かない場所で執拗に存続しているとされる「本質的狂気」のことに他ならない。そして「狂気それ自体」の歴史を書くという企図は、疎外された狂気に対し、その本来の姿を回復させようとするものであることになるだろう。狂気についての客観主義的な認識が取り逃すもののうちにこそ狂気の本質ないし狂気の真理が潜んでいると想定しつつ、それを何らかのやり方でとらえ直そうと企てること。要するに、要請されているのは、ここでもやはり、喪失したものの回収という任務なのだ。

我々から逃れ去ったものを復元しようと試みること、これは、一九五四年の二つのテクストが、一方では実存の意味に到達するために、他方では人間の人間性を回復するために、必要な任務として掲げていたことであった。『狂気の歴史』および『精神疾患と心理学』は、確かに、狂気における喪失の経験を経由して人間の真理を回収しようとする企てを、人間学的公準に依拠するものとして告発している。しかしその一方で、喪失と回収から成る弁証法的図式そのものは、一九六一年のフーコーの言説においてもなおその有効性を保っているのである。真理は客観的な認識から逃走するものであるという想定のもとに、そうしたポジティヴな把握に逆らうものにいかにして到達するかが問題となっているということ。疎外と脱疎外から成る弁証法的運動に生を与えるものとして、喪失や逃走といったネガティヴな契機が、一九六一年のフーコーにおいては依然として価値づけられたままなのである。

『狂気の歴史』、『人間学』への序論、そして『精神疾患と心理学』は、確かに、一方において、一九五〇年代のフーコーとのあいだに大きな隔たりをしるしづけている。すなわちそこでは、人間主体が探究の特権的対象として定められる代わりに、そうした特権化を含意するものとしての人間学的思考が一つの歴史的形象として扱われているということだ。しかし他方において、一九六〇年代初頭のフーコーには、そうした人間学的思考にとって本質的なものとみなされうる任務、すなわち、喪失したものの回収という任務が、依然として無傷のままに残っている。人間主体から出発することも、それを特権的な対象とすることも放棄される、その一方で、客観主義的な把捉から逃れるものに対する価値付与はそのまま維持されているのだ。ポジティヴな知による狂気の「疎外」を語るフーコーにおいては、ネガティヴなものによる魅惑がいまだその効力を保っているのである。

後に、『知の考古学』において自らの研究方法の理論的練り上げを試みながら、フーコーは、自らを「幸福なポジティヴィスト」と称することになるであろう。そのときにはもはや、隠されたもの、見えないもの、語られないものを探し求めることではなく、隠されてはいないけれど見えてもいないものを、「語られたこと」そのもののレヴェルにとどまりつつ見えるようにすることが目指されることになるだろう。しかし六〇年代初頭のフーコーにおいては、逃れるもの、失われるもの、見えないもの、語られざるものに対して、一種の還元不可能な力が付与されたままなのであり、その意味において、そこではまだ人間学的思考からの解放のための第一歩が踏み出されたにすぎない。ネガティヴなものの力への訴えがフーコーの言説から姿を消し、新たな「ポジティヴィスム」が提唱されるに至るまでには、さらなる離脱のプロセスが必要とされるのである。

第二章・注

（1）DE I, p. 93〔I 七八頁〕
（2）『ミシェル・フーコー思考集成』所収の以下のテクストにおける発言を参照。「権力、一匹のすばらしい野獣」（DE II, p. 372〔VI 五一七頁〕）、「歴史のスタイル」（DE II, p. 1470〔X 一二九頁〕）。
（3）MMPsy., p. 80〔一一八頁〕
（4）MMPsy., p. 80〔一一九頁〕
（5）MMPsy., p. 84〔一二四頁〕
（6）MMPer., p. 104〔二〇一頁〕
（7）HF, p. 491〔四六〇頁〕
（8）HF, p. 493〔四六一頁〕
（9）HF, p. 504〔四七一頁〕
（10）HF, p. 582〔五四三頁〕

(11) HF, p. 586〔五四七頁〕
(12) HF, p. 590〔五五〇頁〕
(13) HF, p. 586〔五四七頁〕
(14) HF, p. 590〔五五一頁〕
(15) HF, p. 582〔五四三頁〕
(16) HF, p. 582〔五四四頁〕
(17) AK, p. 77〔一五八頁〕
(18) AK, pp. 77-78〔一五八―一五九頁〕
(19) M. Heidegger, *Kant und das Problem der Metaphysik* in *Gesamtausgabe I. Abteilung: Veröffentlichte Schriften 1910-1976* Band 3, Frankfurt am Main, Vittorio Klostermann, 1991, p. 209〔『カントと形而上学の問題』、門脇卓爾、ハルトムート・ブフナー訳、創文社、二〇〇三年、二〇四頁〕
(20) I. Kant, *Immanuel Kants Werke* Band 8, Berlin, Bruno Cassirer, 1922, pp. 343-344.〔『カント全集17』、湯浅正彦他訳、岩波書店、二〇〇一年、三四―三五頁〕
(21) M. Heidegger, *Kant und das Problem der Metaphysik*, *op. cit.*, p. 215〔『カントと形而上学の問題』、前掲書、二〇九頁〕
(22) *Ibid.*, p. 220〔二一三頁〕
(23) *Ibid.*, p. 217〔二一一頁〕
(24) AS, pp. 49-50〔九四頁〕
(25) AS, p. 50〔九五頁〕
(26) DE I, p. 192〔I 二〇〇頁〕
(27) DE I, p. 192〔I 二〇〇頁〕
(28) J. Derrida, « Cogito et histoire de la folie » in *L'Écriture et la Différence* (1967), Paris, Seuil (Points),

1979, p. 56〔「コギトと狂気の歴史」、合田正人訳、『エクリチュールと差異』、合田正人、谷口博史訳、法政大学出版局、二〇一三年、六八頁〕

（29） *Ibid.*

（30） DE I, p. 188〔Ⅰ 一九五頁〕

（31） J. Derrida, « Cogito et histoire de la folie », *op. cit.*, p. 58〔「コギトと狂気の歴史」、前掲書、七一頁〕

（32） *Ibid.*, p. 59〔七二頁〕

（33） *Ibid.*, p. 52〔六三頁〕

（34） DE I, pp. 1113-1136〔Ⅳ 一六五―二〇〇頁〕

（35） P. Macherey, « Aux sources de « l'Histoire de la folie » : une rectification et ses limites », *Critique* août-septembre 1986, p. 769.

（36） MMPsy., p. 90〔一三三―一三四頁〕

（37） P. Macherey, « Aux sources de « l'Histoire de la folie » : une rectification et ses limites », *op. cit.*, pp.769-770.

（38） HF, p. 498〔四六五頁〕

第三章

不可視なる可視

第二章で確認したとおり、『狂気の歴史』は、人間学的思考の歴史性を告発することで五〇年代のテクストとの決別の努力を表明する反面、そうした思考の名残を示す要素を含んでもいた。精神の病という定義のもとで「疎外」されてしまったとされる「狂気それ自体」を想定しつつ、フーコーは、喪失したものの回収という、五四年の二つのテクストの合流地点として見いだされた任務を、依然として自らに引き受けていたのだった。自分自身からの離脱のプロセスは、一九六一年の著作においてはいまだ始まったばかりだったのである。

その離脱のプロセスにおいて、一九六三年に公刊される『レーモン・ルーセル』と『臨床医学の誕生』は、新たな一歩をしるしづけるものとみなすことができる。というのも、それぞれのやり方によって可視と不可視との関係について問いかけているこれら二つの著作は、ともに、喪失と回収の弁証法を始動させるものとしてのネガティヴなものの力を根本的に問題化しているからだ。そこでこの章では、これらの著作を中心に据えながら、以下のとおり考察を進めていきたい。まず、準備的な作業として、狂気の問題をとり上げ直した一九六四年の一つのテクストに注目しつつ、そこに『狂気の歴史』からの転回がどのように示されているかを探ること。次に、『レーモン・ルーセル』および『臨床医学の誕生』のそれぞれを、見えないものの構成に関する探究として読み解きながら、人間学的思考からの脱出のための新たな契機をそこに標定すること。

1　狂気の消失

「狂気、作品の不在」

一九六三年の二つの著作によって新たに何がもたらされることになるのかを見極めるために、その翌年に発表された小論「狂気、作品の不在」が一つの重要な手がかりを与えてくれるように思われる。というのも、一九七二年版の『狂気の歴史』にデリダへの回答とともに収録されることにもなるそのテクストは、狂気をめぐる記述において、『レーモン・ルーセル』と『臨床医学の誕生』によってもたらされた成果を反映しつつ、一九六一年の著作からの密やかな、しかし根本的な転回をしるしづけているように思われるからだ。そこで、その転回とはどのようなものなのか、そしてそれが何を含意しているのかを探ることによって、新たなる脱出の帰結をあらかじめ垣間見ることができないかどうか、検討してみよう。

『狂気の歴史』において、そして『精神疾患と心理学』においてもやはり、精神の病とは「疎外された狂気」のことであった。精神医学がその探究および治療の対象とするのは、制度的変化や客観主義的言説のなかですでに変質させられたりその言葉を奪われたりしてしまった狂気にすぎないということ。歴史的に構成された精神の病という形象の背後ないしその手前に、疎外される以前の「狂気それ自体」が、その本性とともに執拗に存続するものとして想定されていたということだ。これに対し、「狂気、作品の不在」においてフーコーは以下のように述べる。狂気とは「病の叙情的光輪[1]」にすぎず、その光はますます弱まりつつある。いかなる歴史的変容も、「精神の病を現実に廃絶することはおそらくないだろう[2]」。しかし狂気に関しては、それが「どのようなものでありえたのかということがもはやよくわからなくなる」ような日が、いずれやって来るであろう、と[3]。精神の病が歴史を超えて存続する一方で、その「叙情的光輪」としての狂気は不安定かつかりそめの形象にすぎず、実際すでにその姿を消しつつあるということ。要するに、一九六一年に述べられていた精神の病と狂気との関係が、一九六四年のテクストにおいては完全に逆転させられてしまっているかのようなのだ。狂気は消え去り精神の病は残る、というこの予言めいた発言を、いったいどのように理解すればよいのか。それは、一九六一年の著作に対する根本的な隔たりを確かに表明するものなのだろうか。そしてそうだとすれば、その隔たりのうちに、フーコーにおける新たな離脱の帰結のようなものを見いだすことができるだろうか。

弁証法的人間の死

まず、狂気の消失をめぐる記述が何を意味するのかについて。この問いに対する回答は、「狂気、作品の不在」のうちに明確なやり方で与えられている。すなわち、狂気が今日消え去りつつある、とは、「狂気を、精神医学的な知および人間学的なタイプの反省のなかに同時にとらえていた」関係が、今や解体しつつあるということである、と[4]。そしてそうした解体の要因として挙げられているのが、まさしく、人間学的な思考そのものの失効である。人間を、「自らの真理を失いそれを再び輝きのうちに見いだすような動物、自己に無縁でありながら再び馴染み深さを取り戻す者」としてとらえる思考が、その効力を失おうとしているということ。人間の疎外と脱疎外をめぐって語られてきた言説の「至上の主体であると同時に隷従的な客体」であったその「弁証法的人間（**homo dialecticus**）」が、今や、死を迎えつつあるということだ。[5] 要するに、ここでフーコーが語っているのは、狂気をめぐる知とのあいだに密接な関係を保っていた人間学的探究が、今やその役目を終えつつあるということなのである。

狂気に関する知と人間学的探究とのあいだに一種の共犯関係があること、これは、『狂気の歴史』がすでに、「人間から真の人間へと至る道は、狂気の人間を経由する」と語りつつ告発していたことである。[6] とはいえ、「狂気、作品の不在」は、かつて語られていたことをただ単にとり上げ直しているだけではなく、以前とは根本的に異なる新たなパースペクティヴを開いているのであり、そのことを示唆してくれるのが、この論文のタイトルにも含まれている「作品の不在」をめぐる記述である。一九六一年の著作においてすでに用いられていたこの表現が、一九六四年のフーコーにおいては、以前とは全く異なる意味のもとで使用されているのである。

ネガティヴなものの力の失効

『狂気の歴史』初版の序文は、「最も一般的な、しかし最も具体的な形態における狂気」について、それを「作品の不在」として特徴づけていた。つまり、「作品の不在」とは、歴史のなかで沈黙を強いられ、そこにほんのわずかな場所しか与えられなかったという狂気の在り方を指し示すものとされていたということだ。ただしフーコーは、これにただちに次のように付言していた。すなわち、そうした「作品の不在」は、まさに「不在」というそのネガティヴな様態のもとで、「世界の歴史の大いなる作品に消しがたいやり方で」伴うものであり、それによって初めて、「歴史の充足」も可能になるのだ、と。[7] 歴史を貫いて執拗に存続するとともにその歴史を可能にする潜勢力のようなものとして、狂気が特徴づけられていたということ。そしてそのようなものとしての狂気こそまさしく、フーコーの研究が目指していた「狂気それ自体」なのだった。

これに対し、一九六四年のテクストは、以前とは大きく異なるやり方で「作品の不在」について語ることになる。まず、「作品の不在」とは、狂気の一般的形態ではなく、フロイト以来狂気に対して課されるようになった特殊な形態とされる。六四年のフーコーによれば、フロイトとともに狂気は、自らのうちに折りたたまれた言語、すなわち、自らの解読の鍵を自らのなかに含み持つ言語とされるようになる。狂気は、いわば自らに固有の言語体系《ラング》にもとづいた発話《パロール》として、「厳密な意味において何も語らない言語の母胎」のようなものとなるということであり、このことが「作品の不在」と呼ばれているのである。[8] そして、このように「作品の不在」としての狂気が歴史的に限定可能なものとして示されることで、そうしたネガティヴな形象に付与されていた謎めいた力もやはり失効する。今日、「限界、あるいは異様さ、あるいは耐えがたさ」といったネガティヴな様態において受け止められているもののすべては、いずれ、「ポジティヴなものの平穏に合流してしまうことになるだろう」、とフーコーは語る。(9) ポジティヴに把握することのできるものの背後に絶えず執拗につきまといそれを支えていると想定されているネガティヴなものは、実は歴史的な構成物にすぎず、遠からず消え去ることになるだろう、というわけだ。したがって、「作品の不在」はもはや、狂気の一般的形態を指し示すものでもないし、歴史を貫き歴史を裏打ちするような形象でもない。そうではなくて、それは、最近になって狂気に与えられた一つの形態であり、歴史の可能性の条件であるどころか、それ自体、歴史のなかで形成された形象にすぎぬものとされているのである。

狂気それ自体の消失

そしてここから、六四年のテクストと六一年の著作とのあいだにいかなる隔たりがあるかということも明らかであろう。「狂気、作品の不在」においてフーコーは、狂気に関して、もはやその歴史貫通的な威力を語りはしない。狂気とは、歴史のなかで現れては消える形象の一つにすぎないということ。ポジティヴな知を逃れつつそれに絶えずつきまとうような「狂気それ自体」など、もはや想定されてはいないということだ。したがって、六四年のテクストが狂気の消失を人間学的思考の終焉に結びつけるとき、そこでは、『狂気の歴史』ですでに語られていたことがとり上げ直されているだけではない。それに加えて、そこには、「狂気それ自体」をめぐって、つまり、人間学的思考の名残として『狂気の歴史』のうちに標定されたネガティヴなものの力への価値付与をめぐって、根本的な転回が認められるのだ。疎外以前の野生の狂気などないということ。したがって、脱疎外という任務、失われたものにこそ真理が潜むと想定しつつそれを追い求めるという任務も、もはや無用のものとなるのである。

それでは、六四年のテクストと六一年の著作とのあいだに見いだされた以上のような差異を踏まえたうえで、六三年の二つの著作に目を移すことにしよう。ネガティヴな力の問題化、喪失したものの回収という任務の放棄といった帰結へと導かれるような分析が、そこに確かに見いだされるだろうか。

2　暴露と隠蔽

死後の開示

『レーモン・ルーセル』は、フーコーの主要著作のなかでもとりわけ異彩を放っている。というのもこれは、他とは異なり歴史研究の書物ではなく、一人の作家に捧げられた文学論であるからだ。確かに六〇年代のフーコーは文学に関する数多くの論考を残しているが、一冊の書物というかたちをとっているのはこのルーセル論のみである。フーコーが後に語るところによれば、この著作およびルーセルに対する彼の思いは「極めて私的なもの」であり、この書物は彼の他の仕事と「一線を画す」ものであったという。そして彼は、「誰もこの書物に注意を払わなかった」ことに満足していた。それは自分にとっての「秘密の家」であり「愛の物語」だったのだ、と。[10]

しかし、この「秘密の家」に敢えて足を踏み入れてみるとき、フーコー自身の言葉にもかかわらず、そこには、彼の歴史研究との連関が明らかなやり方で見いだされるように思われる。つまりこの書物は、同年出版の『臨床医学の誕生』と共鳴しつつ、かつての自分自身から身を引き離そうとするプロセスにおける一つの重要な契機をしるしづけるものであるように思われるのだ。ではその契機とはいかなるものであるのか、フーコーの言説を追ってみよう。

『レーモン・ルーセル』においてフーコーがとりわけ注目するのは、『私はいかにしてある種の本を書いたか』と題されたルーセルの著作[11]が、彼の作品群との関係において果たしている特異な機能である。ルーセル自身の指示に従って彼の死後に刊行されたこの書物は、読者に対し、いくつかの作品を書くために彼が用いた独自の手法を提示しようとするものである。作者が死を迎えた後でついに作品の秘密が明かされる、ということだが、フーコーによれば、この死後の著作は、実は、「約束された開示が暴露するのと同じくらいのものを、そしてそれ以上のものを隠蔽している」という。[12]すなわち、そこでなされる秘密の露呈は、それまで見えなかったものを目に見えるようにすると同時に、見えないものを増殖させたり新たに構成したりするのだ、と。ルーセルの言語は、暴露と隠蔽との本質的な近縁関係のようなものを提示しているということ。フーコーがこのことについてどのようなやり方で分析し、そこからどのような帰結を引き出しているのかを明らかにするために、まずは、ルーセルの手法およびその死後の開示がいかなるものであるのかを簡略に示しておこう。

ルーセルの手法

ルーセルの手法とは、ひと言で言うなら、同じ一つの語が複数の意味を持っていたり、音声上の微小な差異によって意味上の大きな隔たりが生じたりするという、言語に固有の特性を、物語を生み出すための出発点として利用するいくつかのやり方のことである。ルーセルがその初期の作品のために用いたのは、以下のような手法である。

まず、音声的にほとんど同一でありながら全く異なる意味を持った二つの単語を選ぶ。次に、それらの単語を他のいくつかの単語と組み合わせて、ほとんど同一の形態を持つと同時に全く異なる意味を持つ二つの文を作る。そして最後に、それら二つの文のあいだに開かれた意味上の距離を埋めるために、一方で始まり他方で終わる物語を書く。こうして、たとえば「黒人たちのなかで」と題された短編においては、最初に« **billard** »(「ビリヤード」)と« **pillard** »(「盗賊」)というほんのわずかな音声的差異によって区別される二つの単語が選ばれ、そこから、« **Les lettres du blanc sur les bandes du vieux** ***billard...*** »(「古い玉突き台のクッションの上に白墨で書かれた文字列」)と« **Les lettres du blanc sur les bandes du vieux** ***pillard.*** »(「年老いた盗賊の一味について白人が書いた手紙」)という、ほとんど同一に見えながら実は全く異なる意味を持つことになる二つの文が導かれて、前者で始まり後者で終わる物語が展開されるのである。[13]

もっとも、ルーセルの手法のこの最初の形態は、かなり明白かつ単純なものであり、したがって、いわば説明不要のもの、死後の書物による秘密の開示を必要としないほどはっきりと見て取れるものである。実際、ルーセル自身、自分が説明したいと考えていたのは、そうした初期の手法ではなく、「発展した」形態における手法、読者に対して周到に隠されていた手法であったと明言している。では、死後の暴露がなかったとしたらおそらく読者には永久に見えないままにとどまったであろうと思われるその新たな手法とは、いったいどのようなものであろうか。

発展した手法、それは、単語と単語とを組み合わせつつそれを通常とは別の意味にとったり、あるいは、誰もが知るフレーズを恣意的なやり方で分解して読み替えたりすることによって、物語に登場するさまざまな形象を得る、というものである。これについても一例を挙げておこう。長編小説『アフリカの印象』において、« j'ai du bon tabac dans ma tabatière »（「僕はたばこ入れのなかにおいしいたばこを持っている」）という、フランスでは誰もが知る俗謡の歌詞の一節が、その音のみをほぼ同一に保ちつつ、« jade, tube, onde, aubade, en mat, a basse tierce »（「翡翠、管、水、朝の歌、艶消しの、三度下」）と読み替えられる。そしてここから、翡翠でできた管から水を吹き出している噴水の近くで、朝、一人の詩人が自らの詩を歌う、そしてその際に彼が使用する艶消しの金属でできたメガホンが三度下の音を同時に響かせることで、そこに二重唱が生まれる、といういかにも奇妙なエピソードが生み出されるのである。[14] このように、こちらの手法においては、作品の起源にあった元の単語や元の文がテクストの可視的な表面から完全に追放されてしまっているのであり、したがって、『私はいかにしてある種の本を書いたか』による開示によってしか我々はそれを知ることができない。この開示によって初めて、直接見えているものの奥底に、それまで不可視であった秘密が透かし出されるのである。

可視と不可視の不可分性

それでは、ルーセルの以上のような手法およびそれを暴露した死後のテクストを、フーコーはどのように分析するのか。すでに触れておいたとおり、一九六三年の著作によれば、『私はいかにしてある種の本を書いたか』における秘密の暴露は、ただ単に、ルーセルの作品においてそれまで秘められていたものを開示するだけではなく、それに加えて、それまで秘密などなかったところに秘密を生じさせることになるという。というのも、彼の手法がそのように明かされるやいなや、読者は以後、至る所に秘密が隠されている可能性によって、すなわち、至る所で一つの語の下に別の語を、一つのテクストの下に別のテクストを読む可能性によって、絶えず脅かされることになるからだ。「整然と並べられた円滑な語を読みつつ、我々がそれとは別の語、別であると同時に同じ語を読むという、いかなる基準をも超えた危険に晒されているという意識」が、こうして植えつけられる[15]。秘密の露呈は、秘密を抹消するどころか、新たな秘密を作り出し、それを際限なく増殖させることになるのだ。

そして暴露と隠蔽とのこの本質的近縁性がさらに決定的なやり方でその威力を発揮するのは、手法の外に置かれたテクストに対してである。『私はいかにしてある種の本を書いたか』というタイトルがはっきりと示しているとおり、ルーセルによる秘密の開示は、彼のすべての作品を対象とするものではない。それはあくまでも「ある種の」著作のみにかかわる開示であり、したがって、それ以外の著作に関しては何も述べられていないのである。とはいえ、それでは開示された手法に従って書かれたのではない作品は手つかずのままに放置されたのかと言えば、全くそうではない。逆に、「ある種の」作品における手法の存在の暴露は、それ以外の作品のなかに、暴露された秘密とは別の種類の秘密、すなわち、いったいそこには秘密があるのかどうかということすらわからないという秘密を、一気に滑り込ませることになる。手法外の作品は、「自らの根源的な謎を、他所から来て他所に適用される解決から手に入れる」ということ[16]。別の場所において見えなかったものが見えるようになったことによって、それまで見えないものなどなかったところに見えないものが構成されるということだ。したがってそこでは、可視と不可視とが互いに作用し合い、解きほぐしがたく密接に絡み合っている。そうした交錯を、可視と不可視との不可分性に送り返しながら、フーコーは次のように述べる。

（…）実際には、見えるものと見えないものとは正確に同じ布地、不可分の同じ実質である。光と影とはそこでは同じ太陽なのだ。見えるものは、自らの不可視性を、ただ単にそれが見えるということのみから得ており、自らの絶対的透明性を、見えるものをそもそもの最初から影のなかに残しておくあの非‐暴露に負っているのである。隠蔽されざるものが隠蔽するもの、暴露されざるものが暴露するもの――これこそおそらく、〈見えるもの〉そのものなのだ。(17)

手法の死後の開示によって、手法外の作品は、自らの可視性のうちに留め置かれると同時に、手法外であるというまさにそのことゆえに不可視の部分を含むものにもなる。暴露と隠蔽の戯れによって、〈見えるもの〉という同一の「布地」が可視と不可視に分配されるのだ。ルーセルによる死後の開示を、暴露と隠蔽とを同時にもたらすものとみなしつつ、フーコーはこのように、見えるものが見えないものによって住み着かれることになるプロセス、純然たる可視性しかないところに不可視性が産出されるプロセスを描き出すのである。

垂直性の構造

それでは、可視と不可視の不可分性をめぐる以上のようなフーコーの分析の射程はいかなるものであろうか。それを、かつての彼自身からの離脱の努力とどのように結びつけることができるだろうか。こうした問いに対して答えるために有効な手がかりを提供してくれるように思われるのが、メルロ＝ポンティの哲学である。というのも、見えるものと見えないものとの関係はまさしく、とりわけ晩年の彼の現象学的探究における中心的テーマをなすものであるからだ。そして実際、彼の死後刊行の著作『見えるものと見えないもの』に収められた草稿のなかには、一見するとフーコーによる言明と重なり合うかのようにも思われる記述を見いだすことができる。すなわちそこでは、暴露と隠蔽の同時性、見えるものと見えないものとの不可分性をめぐって、「私の視線は事物を覆いながら事物を暴露する」、「見えるものは見えないものである」、さらには「見ること、それは見ないことである」、といったことが語られているのだ。しかし誤ってはなるまい。外見上の類似にもかかわらず、メルロ゠ポンティのそのような発言は、実際には、フーコーの分析とは完全に相反する方向を目指すものである。

まず、「私の視線は事物を覆いながら事物を暴露する」、とメルロ゠ポンティが語るのは、私が実際に見ているものの背後にそうした私の視覚を可能にするものとしての「事物の卓越した存在」を必ず想定させるという、見えるものの「特異な力」が問題になるときである。[18] 次に、「見えるものは見えないものである」とは、「可視性そのものが非‐可視性を含んでいる」ということ、見えるものが私に対し見えないものの存在をすでに確信させてくれるということであり[19]、ここで問題となっているのもやはり見えるものの力である。そして最後に、「見ること、それは見ないことである」と語られるのは、「ポジティヴなものとネガティヴなものとが〈存在〉の二つの「側面」である」ということ、つまり、あらゆる存在は顕在的なものと潜在的なものを不可分のやり方で含むという構造を持つということが問題になるときである。[20] 見えるものは見えないものによって住み着かれているということ。そしてそのことが、見えるものによってすでに明かされているということ。ポジティヴなものがネガティヴなものと表と裏のように分かちがたく重なり合うというこの構造を、メルロ゠ポンティは、視覚の構造として、そしてさらには彼が「垂直性」と呼ぶ一つの根本的な存在論的構造として提示する。彼にとって、「見えないものは、見えるものの「背後に」あり、切迫したもしくは卓越した可視性であり、まさしく根源的に現前しえないもの（Nichturpräsentierbar）として、別の次元として根源的に現前（Urpräsentiert）しているということ(21)」。要するに、暴露と隠蔽の同時性、見えるものと見えないものとの交錯をメルロ゠ポンティが語るときに問題になっているのは、存在そのものの構造における可視と不可視との根源的な関係なのだ。

見えないものの産出

これに対し、やはり暴露と隠蔽との近縁関係および見えるものと見えないものとの交錯を語りながらフーコーが提示しているのは、これと真っ向から対立する主張である。フーコーにとって、暴露しつつ隠蔽することは、視覚の構造ないし存在の構造によって視線に課された不可避の任務ではない。そうではなくて、それは、純然たる可視性のうちに後から不可視性を忍び込ませることになるような作用である。外から到来する暴露と隠蔽の戯れこそが、見えないものを見えないものとして構成するのであり、「根源的な謎」とは、他所からもたらされた一つの効果なのだ。そして、見えるものと見えないものとが同じ布地である、とは、見えるものが見えないものをその「背後に」孕んでいるということではなく、見えるものと見えないものとは同じ次元にあるということ、見えるものと「別の次元」などないということである。見えるものの「特異な力」が視線に対して隠しつつ暴露するという機能を課すのではなく、逆に、暴露と隠蔽の戯れによってこそ、見えるものと見えないものとが配分され、そこから、見えないものの探索という任務も課されることになるのだということ。したがって、『レーモン・ルーセル』における可視と不可視に関する記述は、いわば、メルロ゠ポンティ的な存在論に対するフーコーの挑戦のようなものとみなすことができるだろう。

そして、メルロ゠ポンティとのそうした対決は、同時に、以前のフーコー自身との対決として価値づけられうるものでもある。というのも、『狂気の歴史』初版の序文において、「狂気それ自体」の歴史を書こうという企てが掲げられるとき、想定されていたのはまさしく、狂気に関するポジティヴな知の「背後に」、そうした知を逃れる何かが「別の次元として」執拗に存続しているということであったからだ。『レーモン・ルーセル』において暴露と隠蔽の戯れによる見えないものの産出が語られるとき、根本的に問いに付されるのは、ポジティヴなものとネガティヴなもの、顕在的なものと潜在的なものとのあいだのそうした「垂直性」の想定である。見えないものが、見えるものに絶えずつきまといながらそれを支えるものとしてではなく、見えるものしかなかったところに他所からもたらされた一つの効果としてとらえられるということ。要するに、かつてのフーコーを魅惑していたネガティヴなものの力が、一九六三年彼の言説においてはいわば骨抜きにされているのである。

もちろん、性急さは慎まねばなるまい。可視と不可視との関係をめぐる以上のようなフーコーの分析は、一人の作家およびその作品に関する論考という極めて特殊で限定されたコンテクストのなかでなされたものであり、したがって、これをそのまま、メルロ゠ポンティの存在論と突き合わせたり、フーコーにおける自分自身からの離脱の身振りとみなしたりするのは、無謀かつ不当な試みと思われもしよう。そこでただちに、『臨床医学の誕生』に目を移すことにしたい。というのも、やはり一九六三年に刊行されたこの著作は、医学の歴史をめぐる探究のなかでまさしく可視と不可視の関係を問題としつつ、『レーモン・ルーセル』において語られている内容をいわば反復しているからだ。すなわち、言語の秘密とその暴露とをめぐってなされていた考察が、全く別のコンテクストのなかでとり上げ直され、価値づけ直されているということであり、これを精査することによって、フーコーによる分析の射程を正確にとらえることが可能になると思われるのである。

3　表層から深層へ

近代医学の歴史的成立

『レーモン・ルーセル』における文学的テクストの分析によって明らかにされたのは、純然たる可視性のうちに不可視性が構成されるプロセスであった。「医学的視線の考古学」という副題を持つ一九六三年のもう一つの著作では、[22] 同様のプロセスが、今度は近代医学の歴史的成立という出来事のうちに標定されることになる。すなわち、十八世紀末から十九世紀初めにかけて起こった西洋医学の抜本的な刷新が、可視と不可視との関係の根本的な変容と深くかかわるものとして特徴づけられるのである。このことについて、以下、検討を進めていくことにしよう。

『臨床医学の誕生』においてフーコーがとくに強調するのは、十八世紀後半に登場する臨床医学と、それからまもなく現れる病理解剖学とのあいだに、甚大な差異があるということである。つまり彼は、もっぱら身体の表面に視線を注ぐものとしての臨床医学から、身体内部の探索をその本質的な任務とする病理解剖学への移行のうちに、実証的医学の誕生へと至る決定的な契機を見いだそうとするのである。

臨床医学の任務

フーコーによれば、病理解剖学に先んじて形成された臨床医学は、病とは症状の集合にすぎない、という考えによって特徴づけられる。すなわちそこでは、身体の表面において観察される症状の展開それ自体が、病そのものとみなされたということだ。したがって、臨床医学の任務とは、目に見える表層において生起する現象を観察し、それをそのまま記述することであった。そしてその限りにおいて、死体を開いてその内部に視線を注ぐという作業は、臨床医学にとって必要なものではなかった。臨床医学的方法とは、確かに、身体そのものの直接的観察によって病の真理を明らかにしようとするものである。しかし、症状の総体こそが病そのものであると想定される限りにおいて、問題とされていたのはもっぱら、生ける身体の表面に展開される時間的現象であった。臨床医学は、「その構造によって、物言わぬ非時間的な身体の調査とは無縁のもの」だったのである。(23)

そしてそればかりではなく、死体は、空間における諸現象の同時的総体しか与えてくれぬものとして、臨床医の視線を欺くものとされてもいたとフーコーは言う。というのも、当時、死は、生と病に絶対的な終わりをもたらすものであると同時に、病的現象と同じやり方で身体を破壊するものであるとされていたからだ。つまり、死体においては、そこに残された痕跡が病によるものなのか死によるものなのかを判別不可能にするような「解読不可能な無秩序」が支配するとみなされていたということだ。(24)

したがって、死体解剖が医学にとっての本質的な任務となるためには、病および死に関する以上のような考え方の根本的な変化が必要であった。フーコーは、病理解剖学の登場に関して、実際に以下のような二重の変化がそれを可能にしたことを示そうとする。

病理解剖学の登場

一方では、症状の継起が、身体内部に標定されうる「病変」によって引き起こされた二次的な効果とみなされるようになる。すなわち、身体の表面で時間的に展開されるもののうちに観察されるのは、もはや病そのものではなく、身体の深みにおいて局所的に起こったことを原因として生じた現象にすぎないということだ。逆に言うなら、以後、死体において空間的に標定しうるもののこそが、病の単なる痕跡ではなく、症状が生じる出発点としての「原初的病巣」とされるようになるのである[25]。

そして他方では、生の時間のなかにおける死の配分を指し示すものとしての「死化（**mortification**）」のプロセスが、病的プロセスとは区別されるものとして発見される。死が、唯一の絶対的瞬間であることをやめ、「多数多様なもの、時間のなかに分散されたもの」になるということ[26]。死は、もはや生を外から不意に襲うものではなく、生のなかに配分されているもの、生とのあいだに内的関係を持つものとしてとらえられるようになるということだ。ここから、そもそも生の根底には死があるという考え方、生とは死への抵抗の総体であるという考え方が生まれるとともに、死は、生の真理を語るための視点として役立つものとなる。死体を手がかりに病をポジティヴなやり方で解読しようと試みる病理解剖学に対し、もう一つの根拠が与えられることになるのである。

このように、病が全面的に空間化され、死が生と病との新たな関係のもとで定義されることによって、医学は、臨床医学においてそうであったようなものとは全く別の任務を自らに与えることになる。一方において、病変こそが症状を説明するという考えのもとで、以後、医師がもっぱら携わることになるのは、病の座の決定ないしその位置測定である。他方、死が生を支えるとみなされることによって、病について死体に問いかけることが正当化される。こうして、病理解剖学が、医学にとって本質的かつ必然的な任務として現れることになるのである。

不可視なる可視性

フーコーが新たな医学の誕生をもたらしたものとして示した二つの契機のうち、死をめぐる考え方の変化については、次章において、有限性の地位向上の問題との関連であらためてとり上げ直すことにしよう。ここで注目しておきたいのは、もう一つの契機、すなわち、病が身体内部の空間に標定されるようになるという契機である。というのも、こちらに関するフーコーの分析はまさしく、可視と不可視との関係について『レーモン・ルーセル』が語っていたことを、歴史研究の枠組みのなかでとり上げ直したものであるように思われるからだ。

身体内部の「病変」こそが病の真理とみなされるようになって以来、医学的視線は、症状が展開される表層から身体の厚みのなかへと赴く垂直の道、「表明されているものから隠されているものへと深く入り込む道」を踏破しなければならなくなる。[27] 医学は以後、表面に見えているものの観察から、深層においていまだ見えていないものの探索へと赴かねばならなくなるということだ。フーコーによれば、病が身体の表面において展開されるものとしてとらえられていたあいだは、身体の深みのなかに隠されているものが医師の関心を惹くことはなかった。医師は、自分の目に直接現前するものを観察し、それを語ることで満足していた。病におけるすべては身体の表層にあったということ、直接的に目に見えるものこそが病であったということであり、病のうちには視線に対して隠されたものなど何もなかったのである。したがって、医学の刷新を、それまで病において不可視のままにとどまっていたものが医学の理論的ないし技術的な発達とともに目に見えるようになったこととしてとらえてはならない。実際は逆に、それまで見えないものなどなかったところに、見えないものが、見えるものの内的骨組のようなものとして、歴史的に構成されたのである。そしてそこから、深く隠された真理を明るみに出すこと、事実上見えないままにとどまっているものを見えるようにすることが、医学の本質的な役目とされることになるのだ。可視と不可視とのあいだに新たな関係が結ばれ、新たな構造が形成されたことによって、医学に対して新たな任務が課されるようになるということ。実証的医学の登場を可能にし、要請したとされるこの構造、これが、フーコーによって「不可視なる可視性の構造」と呼ばれるものである。

> 臨床医学的解剖学とそこから派生するすべての医学を支配する、知覚的かつ認識論的構造、それが、不可視なる可視性（*l'invisible visibilité*）の構造である。真理は、その生来の権利によって目のためにできているものだが、それは目から隠されている。ところがそれは、目から逃れようと試みるものによって、たちまち、こっそりと顕わにされてしまうのである。(28)

宿命的に視線を逃れると同時にその視線を絶えず呼び求めるような何かがあるということ。逃れつつ呼び求めること、自らを隠しつつ示すことこそが、真理の本性のようなものであるということ。こうしたことを含意するものとしての「不可視なる可視性」の構造こそが、医学に対し、表層から深層へ、見えるものから見えないものへ向かうという任務を要請することになったのだ、というわけだ。

以上のとおり、『臨床医学の誕生』は、病の定義の変化を、可視と不可視との関係の変化へと送り返す。こうした分析が、同年出版のルーセル論といかなる点において重なり合うかということは、今や明白であろう。

ネガティヴなものの歴史的構成

『レーモン・ルーセル』においては、死後の手法の開示によって秘密などなかった場所に秘密が産出されるやり方が問われていた。そして他方、『臨床医学の誕生』が示すのは、可視的な表面の観察に専心していた医学的視線が、どのようにして不可視の地帯の探索へと導かれるのかということである。すなわち、いずれの著作においても問題となっているのは、それまで全面的な可視性が君臨していたところに、見えるものを裏打ちするものとしての見えないものが構成されるプロセスなのだ。とはいえ、医学の歴史に関する研究は、一人の作家に関する個別的研究よりも、フーコーの自分自身からの離脱のプロセスに直接的に関与するものであると思われる。というのも、ここで描き出されている「不可視なる可視性」の構造は、医学的視線に対して新たな任務を課すものとしてのみならず、逃れ去るものの回収という任務一般を根底において支えるものとしても考えることができるからだ。つまりフーコーは、この「知覚的かつ認識論的構造」を、自分自身がかつて身を置いていた思考の地平を特徴づけるものとして語りつつその歴史性を告発しているかのようなのである。このことについて検討するために、まさしくそうした構造を歴史を超越したものとしてとらえようとするメルロ＝ポンティとの対決を、ここであらためて試みてみよう。

見えないものが見えるものを裏打ちし、そのことを見えるものがすでに明かしているということ、これを、メルロ＝ポンティは存在の構造そのものとして語る。そしてその際、彼は「見えるものの特異な力」を引き合いに出すのだが、しかし、それと同時にそこに想定されているのは、見えないもの、ネガティヴなものに付与された還元不可能な力である。実際、メルロ＝ポンティに親しいテーマとしての「深み（**profondeur**）」に関する記述がそのことを明かしている。『見えるものと見えないもの』によれば、事物とは、我々の感覚的な観察によっては汲み尽くしえぬもの、すなわち視線の前にその姿を完全に現すことのないものである。したがって、「汲み尽くしえぬ深みの表面」であることが「見えるものに固有のもの」であり[29]、これに対して見えないものの方は、「見えるものが現出させもするし隠しもする内的骨組」であり[30]、「見えるものの裏面、見えるものの潜勢力」である[31]、というわけだ。

ところで、そうした「潜勢力」としての見えないものこそ、フーコーが「不可視なる可視性」として描き出した隠蔽と暴露の戯れを始動させるものである。見えないもの、逃れ去るものにこそ、目の前に与えられたものの秘密が潜んでいるとみなすことによって初めて、見えるものから見えないものへ、与えられたものから与えられていないものへと赴く任務が要請されるのだ。要するに、ここで問題となっているのはまさしく、ポジティヴなものにつきまとうネガティヴなものの力であり、それによって作動するものとしての喪失と回収の弁証法なのである。ポジティヴなものとネガティヴなものとが分かちがたく重なり合うというこの構造を、メルロ゠ポンティは、一つの根本的な存在論的構造として提示していた。これに対し、フーコーはそれを、十八世紀の半ばに歴史的に構成されたにすぎないものとして示す。かつて自分自身が引き受けていた現象学的かつ人間学的任務の支えとしてのネガティヴなものの力が、歴史的探究のなかで根本的に問題化されるということであり、その意味においてここには確かに、フーコーの離脱のプロセスにおける決定的な契機がしるしづけられていると言えるだろう。

事物の暗い核

ここで次のような疑念が生じるかもしれない。すなわち、フーコーが医学における可視と不可視の関係について語っていることを、メルロ゠ポンティの存在論と同じレヴェルにおいて価値づけることができるのだろうか、と。実際、フーコーがその一九六三年の著作のなかで見えないものの歴史的構成について語るとき、そこで問題となっているのは、一見すると、視線から事実上隠されているにすぎないもののみであるようにも思われる。つまり、「医学的視線の考古学」として展開されている歴史的分析は、身体という感覚可能な空間のなかにおける表層と深層との関係、現に見えているものと「「可能的な」もう一つ別の見えるもの[32]」との関係にのみかかわるものであるようにも思われるということだ。しかし、『臨床医学の誕生』において展開されている分析が、ただ単に医学的視線にとっての事実上の可視性にのみ狙いを定めたものではないということ、これは、この著作の序文によって明確に示されている。すなわち、フーコーはそこで、より広い意味でとらえられた可視と不可視とのあいだの関係を「あらゆる具体的な知にとって必要なもの」とみなしつつ、それが十八世紀末に変容したということ、そしてそれによって知の新たな任務が生まれたということについて語っているのである[33]。

フーコーによれば、デカルトやマルブランシュにとっては、あらゆる視線に先んじるものとして、光があった。すなわち、十七世紀から十八世紀にかけては、光においてこそ事物がその本質に適合するとされていたということ、見るという行為は光のなかで自らを消し去ることをその到達点としていたということだ。しかし、十八世紀の終わりになって、事物と視線と光とのこのような関係が根本的に変容する。以後、事物は自分自身のうちに閉じこもり、光は完全に視線の側に移ってしまう。自らに固有の明るさを頼りに「事物を踏破し事物のまわりを回って少しずつ事物のなかへと侵入していく」ものとしての視線こそが、深く隠された真理を照らし出す役割を一

身に担うことになるのである。(34)

事物の暗い核のなかに真理が住まうということ、これは、逆説的なことながら、事物の夜を明るみへともたらす経験的な視線のこの至上の力に結びついているのだ。光はすべて目というかぼそい灯火の側に移ってしまった。この灯火は今や諸々のヴォリュームのまわりを経めぐり、その行程において、それらの場所と形態を語るのである。合理的言説は、光の幾何学よりも、客体の執拗かつ越えがたい厚みを拠り所とする。すなわち、晦冥ではあるがあらゆる知に先立つものとしての客体の現前のうちに、経験の源泉と領域と限界とが与えられるということだ。視線は、この最初の受動性に対して受動的に結びつき、その受動性全体を踏破してそれを統御するという終わりのない任務へと差し向けられるのである。(35)

真理が「事物の暗い核」へ、深みにあって目に見えないものの側へと後退すると同時に、経験的視線が至上の力を得るということ。そしてその視線を逃れ去りつつそれを呼び求める「客体の執拗かつ越えがたい厚み」を前にして、視線はそれを踏破するという果てしのない作業に身を委ねるようになるということ。要するに、本論のなかで医学に関して語られることになる可視と不可視との関係の歴史的変容という問題が、序文において、西洋の知一般にかかわる問題としていわば先取りされているのだ。

したがって、近代医学の成立に関する分析のなかで描き出された「不可視なる可視性」の構造は、確かに、かつてのフーコー自身が引き受けていた任務の根底に見いだされるものであると言えるだろう。視線を逃れ去るものにこそ視線に対して与えられるものの秘密が潜んでいるという想定、そしてその秘密は視線に対して自らを隠しつつ示すという想定のもとに、そのように逃れ去るものを回収しようと試みること。そうした「終わりのない任務」が、世界や理性の神秘を暴くものとして価値づけられる代わりに、歴史的に限定可能な思考の構造によって要請されたものとしてここに明かされるのだ。

「狂気、作品の不在」が語っていたのは、『狂気の歴史』が根源的なものとして想定していたネガティヴな諸形象が、実際には歴史的に構成されたものにすぎず、やがては消え去ってしまうだろうということであった。一九六四年のテクストが一九六一年の書物に対して示すそうした隔たりには、一九六三年の二つの著作によってもたらされた成果が確かにしるしづけられている。『レーモン・ルーセル』および『臨床医学の誕生』がともに根本的なやり方で問いに付したのは、実際、見えるものが見えないものを隠蔽しつつ示すという構造、ネガティヴなものがポジティヴなものを裏打ちしているという構造であった。すなわち、そうした構造が、決して存在の根源的な構造ではなく、隠蔽と暴露の戯れによって、あるいは可視性の形態の歴史的変化によって構成されたものにすぎないということを、それら二つの著作は示してみせたのである。ネガティヴな契機からのそのような価値剝奪とともに、絶えず失われるものを再び我が物として取り戻そうという任務が、ここに失効することになる。可視と不可視との関係を新たなやり方で思考し直すことで、フーコーは、五〇年代のテクストにおいて、そしてさらには『狂気の歴史』においてもなお自身が自らに引き受けていた喪失と回収の弁証法から、ついに自らを解き放すことになるのだ。

第三章・注

(1) DE I, p. 448〔II 一九四頁〕
(2) DE I, p. 441〔II 一八四頁〕
(3) DE I, p. 440〔II 一八三頁〕
(4) DE I, p. 443〔II 一八七頁〕
(5) DE I, p. 442〔II 一八五頁〕
(6) HF, p. 586〔五四七頁〕
(7) DE I, p. 191〔I 一九八頁〕
(8) DE I, p. 446〔II 一九一頁〕
(9) DE I, p. 140〔II 一八三頁〕
(10) DE II, pp. 1426-1427〔X 六七頁〕
(11) R. Roussel, *Comment j'ai écrit certains de mes livres*, Paris, Gallimard (L'imaginaire), 1995〔「私はい

かにして或る種の本を書いたか」、ミシェル・レリス著『レーモン・ルーセル――無垢な人』、岡谷公二訳、ペヨトル工房、一九九一年に所収〕

（12） RR, p. 908〔七頁〕

（13） R. Roussel, « Parmi les noirs » in *Comment j'ai écrit certains de mes livres*, *op. cit.*, pp. 163-170.

（14） R. Roussel, *Impressions d'Afrique*, Paris, Jean-Jacques Pauvert, 1963, p. 284〔『アフリカの印象』、岡谷公二訳、平凡社ライブラリー、二〇〇七年、三〇一―三〇二頁〕

（15） RR, p. 913〔一六頁〕

（16） RR, p. 982〔一三九頁〕

（17） RR, p. 982〔一三九頁〕

（18） M. Merleau-Ponty, *Le Visible et l'Invisible*, Paris, Gallimard（Collection Tel）, 1979, p. 173〔『見えるものと見えないもの』、滝浦静雄、木田元訳、みすず書房、一九八九年、一八二頁〕

（19） *Ibid.*, p. 300〔三六一頁〕

（20） *Ibid.*, p. 278〔三二六―三二七頁〕

（21） *Ibid.*, p. 281〔三三一頁〕

（22）『臨床医学の誕生』は、一九七二年に再版された際、大幅な表現上の書き直しを施されることになる。ここでは、プレイヤード版に収録されている一九七二年版を、一九六三年の初版と比較しつつ参照した（なお、神谷美恵子氏による日本語訳は初版を使用したものである）。一九七二年の書き直しがいかなる意味を持ちうるものであるかについては、拙論「『言葉と物』もしくは有限性の試練」（『情況』第三巻第八号、二〇〇二年、一五八―一七四頁）を参照。

（23） NC, p. 813〔一七八頁〕

（24） NC, p. 830〔一九五頁〕

（25） NC, p. 829〔一九四頁〕

(26) NC, p. 831〔一九六頁〕

(27) NC, p. 824〔一八九頁〕

(28) NC, p. 857〔二二六―二二七頁〕

(29) M. Merleau-Ponty, *Le Visible et l'Invisible, op. cit.*, p. 188〔『見えるものと見えないもの』、前掲書、一九九頁〕

(30) *Ibid.*, p. 195〔二〇六頁〕

(31) *Ibid.*, p. 190〔二〇一頁〕

(32) *Ibid.*, p. 282〔三三三頁〕

(33) NC, p. 676〔五頁〕

(34) NC, p. 678〔七頁〕

(35) NC, p. 678〔七―八頁〕

第四章

有限性と人間学

『臨床医学の誕生』および『レーモン・ルーセル』によって人間学的思考の名残を払拭した後、フーコーは、一九六六年の『言葉と物』において、そのような思考の構造の歴史的成立を探究の直接の対象とすることになる。すなわちそこでは、自らもかつて囚われとなっていたその構造が歴史のなかでどのようにして形成されたのか、至上の主体であると同時に知の特権的な客体であるようなものとしての「人間」がどのようにして出現したのかということが、明示的なやり方で問われるのである。

その『言葉と物』を中心に据えた考察をこれから開始するにあたって、まず、第三章で宙づりのままにしておいた問題に立ち戻ることから始めたい。前章では、新たな可視性の構造の成立と、死に関する新たな考え方の登場という、実証的医学の誕生を可能にしたものとして『臨床医学の誕生』が挙げている二つの歴史的契機のうち、とくに前者をめぐるフーコーの分析を、同年出版の『レーモン・ルーセル』における記述との交叉に注目しつつ詳細な検討に委ねておいた。これから目を向けたいのは、死の概念の変化というもう一つの契機の方である。

一九六三年の書物は、実は、死をめぐる考え方の変容についても、可視性の構造の変化と同様、それを西洋文化に生じたより根本的な変動へと送り返していた。すなわち、生を基礎づけるものとしての死という考えの登場を、フーコーは、人間の有限性が単なる無限の否定としてではなく有限性それ自身から出発して思考されるようになるという認識論的転回に関連づけていたのである。ところで、人間の有限性の地位向上という、十八世紀の末に標定されるこの認識論的出来事こそ、まさしく、一九六六年の『言葉と物』において、人間学的思考の歴史的成立のための重要な契機として扱われることになるものに他ならない。しかもそこでは、その出来事が、可視と不可視の関係の歴史的変化と密接な関係にあるものとして描き出されることになる。つまり、『言葉と物』は、近代医学を可能にしたものとして『臨床医学の誕生』が並置していた二つの出来事を互いに分かちがたく結びついたものとしてとり上げ直しつつ、それらが歴史のなかでどのように生起したのか、そしてそこからどのようにして西洋の知における「人間」の登場が可能になったのかについて、分析を試みているのだ。

そこでこの章では、まず有限性をめぐる逆転に関する『臨床医学の誕生』の記述を哲学史的文脈に置き直しつつ検討した後で、『言葉と物』に問いかけながら、そうした逆転がどのようにしてもたらされ、そこから人間学的思考がどのようなものとして姿を現すのかということに関して、考察を試みることにしよう。

1　有限性の地位

有限性をめぐる逆転

病の真理を死体に問いかけるものとしての病理解剖学にその根拠が与えられるためには、死が、生を外から不意に襲う絶対的瞬間であることをやめて、生の根底に横たわり生とのあいだに内的関係を持つものとなる必要があったということ。死の概念の変化を近代医学誕生のための重要な契機としてそのように示した後、『臨床医学の誕生』は、その結論部において、医学のみならず西洋の知全体にかかわる出来事としてその変化をとらえ直そうとする。すなわち、死が生および病のあらゆる現象にとっての基礎として見いだされるようになるというこの出来事を、有限性をめぐる逆転という、西洋文化に起こったより一般的な認識論的変動に送り返そうとするのである。

十七世紀から十八世紀にかけての思考にとって、有限性は無限の否定以外の意味を持ちえなかったとフーコーは言う。人間が有限である、とは、神の無限に比したときの人間の無能力を指し示す言明にすぎなかったということだ。しかし十八世紀末以来、この有限性に対し、ポジティヴな意味が付与されることになる。すなわち、「死をその最も威嚇的な、そして同時に最も完全なかたちとして持つ」ものとしての有限性が、人間存在に固有のもの、人間存在の基礎をなすものとして見いだされるのである。[1]

そうした有限性の地位向上についてフーコーは、『人間学』への序論においてすでに、それを西洋の哲学的思考にもたらされた大きな断絶とみなしつつ次のように語っていた。カント以来、人間における有限性は、ただ単にその限界に結びつけられるばかりでなく、人間における基礎的、根源的な何かにも結びつけられることになる。有限性が、無限からではなく、有限性それ自体から出発して思考されるようになるということであり、ここに、根源的有限性に狙いを定めるものとしての人間学が登場する。近代的形態における人間学が、「ただ単に人間の学であるばかりでなく、また、あらゆる人間諸科学についての学であり地平であるばかりでもなく、人間にとってその認識を基礎づけると同時に限界づけるものについての学」として姿を現すのだ、と。[2]

根源的有限性と現象学

ところで、十八世紀末に無限と有限性との関係が逆転するということ、これは、哲学史的観点からはいわばある種の定説に属するものである。そしてそうした逆転の持つ哲学的重要性をとりわけ強調したのが、まさしく、すでに参照した二人の現象学者、メルロ゠ポンティとハイデガーに他ならない。前者はデカルト哲学の難点を無限への依拠のうちに標定することによって、そして後者はカント以降に可能になったとされる新たな問いを価値づけることによって、ともに、有限性の地位向上という出来事を哲学に根本的な打開をもたらしたものとして承認しているのだ。そこで、この出来事に対しどのような哲学史的な位置を与えうるのかを把握するために、再び彼らに問いかけてみることにしよう。

まずメルロ゠ポンティについて。一九四五年の著作『知覚の現象学』において、彼は、デカルト哲学の問題点を、有限性について十全に思考しえなかったことのうちに見いだそうとする。メルロ゠ポンティによれば、「現在の認識としての知覚」こそが、「〈私〉の統一性を可能にし、それとともに客観性と真理の観念を可能にする、中核的な現象である」[3]。しかしデカルトは、その知覚を、還元不可能な根源的認識とみなすことができなかった。この十七世紀の哲学者は、確かに、現在の経験としての知覚の確実性に気づいてはいた。しかし彼は、それを単に事実上抗しがたい明証性の一つにすぎぬものとみなしつつ、懐疑に委ねることになってしまった。では、そのようにデカルトが知覚を根源的な経験としてとらえることができなかったのはなぜだろうか。それは、彼が有限性にいかなるポジティヴな意味も認めなかったからであるとメルロ゠ポンティは言う。すなわちデカルトは、有限なる人間の思考を、「それ自身の保証人」としてとらえる代わりに、「絶対的に自己を所有している思考」、つまり無限なる神の思考をその支えとして必要とするものとみなしたのだ、と。[4] デカルトは無限についての独断論に立脚しており、有限性の問題をいまだ思考することができなかったということ。こうしてメルロ゠ポンティは、デカルト的反省について、それは「完成した意識化ではない」と断ずることになるのである。[5]

それでは、そうした「意識化」の完成はどのようにして得られるのか。『カントと形而上学の問題』において提示されているのが、この問いに対する一つの回答である。第二章ですでに見たとおり、ハイデガーは、カントの三つの「批判」において提出された三つの問いのすべてが人間における有限性に根本的なやり方でかかわっていることを指摘しつつ、批判哲学から「哲学的人間学」への移行の必然性を強調していた。ハイデガーによれば、人間は、能力、義務、希望について問うことで、自らが有限な存在であることを暴露するとともに、自らの関心がまさしくそうした人間固有の有限性へと向かっていることを示す。カント以来、有限性は、人間がそうした問いを発することを可能にするものであると同時に、その問いによって問われている対象そのものでもあるということ。「人間とは何か」という問いとともに、有限性が「今や初めて問題となりうる」、というわけだ。[6]

デカルト哲学が無限の形而上学に依拠していたということ。そして十八世紀末以来、人間における有限性が、構成的なもの、基礎をなすものとして登場すると同時に、知の特権的な対象となるということ。メルロ゠ポンティにおいて、問題は、有限な知覚の根源性を見落とした十七世紀的主知主義の不十分さを告発しつつ、それを乗り越えることであった。見えないものの潜勢力について語る晩年の彼の存在論もやはり、人間の有限性にポジティヴな意味を付与しつつそれを思考する一つのやり方とみなすことができるだろう。他方、ハイデガーは、自らの「基礎的存在論」を、カントによる形而上学の「根拠づけ」の成果に直接負っている。すなわち彼は、人間における有限性への問いを練り上げることから出発して、「現存在（Dasein）の形而上学」へと導かれることになるのである。[7] したがって、メルロ゠ポンティとハイデガーが有限性をめぐる逆転という出来事について語るとき、問題になっているのは確かに、「意識化」の完成である。そして彼らは、そうした「意識化」こそが彼らの現象学的探究を大きく方向づけたものであることを、ともにはっきりとしたやり方で認めているのである。

フーコーにおける有限性

以上を踏まえて、フーコーのテクストに立ち戻ることにしよう。一九六一年のカント『人間学』への序論は、人間学的探究が有限性に関する新たな考えを含意していることに言及していた。とはいえ、ではそうした新たな考えが歴史のなかでどのようにして登場したのかということは、そこでは問われていなかった。また、一九六三年の『臨床医学の誕生』は、十八世紀末における有限性の地位向上という出来事について、もっぱら死の概念の変化とのかかわりにおいてのみ語っており、その出来事そのものを歴史的分析の直接の対象としていたわけではなかった。これに対し、この問題を正面からとり上げることになるのが、「人間諸科学の考古学」という副題を持つ一九六六年の『言葉と物』である。有限性をめぐる逆転がどのようにして起こったのか、そしてその出来事がどのような帰結をもたらしたのかということが、西洋のエピステーメーをめぐる探究のなかでついに問われることになるのだ。

そしてその際にフーコーによって示されるのが、メルロ゠ポンティとハイデガーに見いだされたものと真っ向から対立する見解である。一方において、メルロ゠ポンティがその欠陥を指摘した古典主義時代の思考には、それに固有の整合性が見いだされる。そして他方、ハイデガーが「根拠づけ」の成果としてとらえたものに関しては、それが一つの錯覚ないし発明であることが暴き出される。要するに、『言葉と物』においてフーコーは、無限の形而上学のもとで見誤られていた根源的有限性がカントとともについに「意識化」されたのだ、ととらえる代わりに、そうした有限性が実は歴史的に構成されたものであるということ、そしてそれは思考をある種の眠りに導くものでもあるということを、その歴史的分析によって明らかにしようとするのだ。そしてそのような分析のなかで、『臨床医学の誕生』が新たな可視性の形態の登場として描き出していた出来事が、有限性の地位向上との関連においてあらためて問い直されることになる。見えるものと見えないものとの関係の変容はいったいどのようにして生じたのか、そしてそれが有限性をめぐる新たな考えの登場とどのような関係にあるのか、と問われるということであり、ここから、人間主体を特権的な対象として定める探究、かつてフーコー自身も専心していた人間学的な探究について、その歴史的成立のプロセスおよびその理論的難点が暴かれるのである。そこで以下、一九六六年のこの著作について少々詳しく検討していくことにしよう。

2　深層の発明

表象の分析

『言葉と物』においてフーコーが掲げるのは、ある特定の時代のさまざまな科学的言説のあいだに見いだされる諸関係の総体としての「エピステーメー」が、ルネサンス期以降の西洋においてどのように変容してきたのか、という問いである。そうした探究のなかで、十八世紀末の認識論的転回がどのように描き出されているのかを見極めるために、ここでは以下の二点に関するフーコーの分析に焦点を絞って考察を進めていく。まず、回顧的な視線にとっては錯誤ないし不完全性を示しているようにも見える十七世紀から十八世紀にかけての認識論的布置のうちに、どのような整合性が見いだされるのかということについて。そしてそうした布置が、十八世紀の終わりに倒壊し、そこに新たな布置が形成されて、人間学的思考のようなものがついに可能になるのは、いったいどのようにしてなのかということについて。

　まず、古典主義時代のエピステーメーについて見ていこう。フーコーは、この時代の思考に特有の任務、ルネサンス期の思考にも十九世紀以降の思考にも無縁のものであるというその任務を、「表象の分析」として特徴づける。表象を分析する、とは、目の前あるいは精神の前に現れる像としての表象に記号を与えつつ、それを同一性と差異にもとづいて秩序づけることである。そうした任務が、言語、自然、富に関して古典主義時代になされた探究のそれぞれにおいて具体的にどのようなかたちをとったのかということを、一九六六年の著作は以下のように示す。

　まず言語に関しては、「一般文法」と呼ばれる探究が現れる。これは、言語を、「いかなるものであれあらゆる表象に対して適切な記号を与え、それらの表象相互のあいだに可能なすべてのつながりを打ち立てる」ことのできるものとみなしつつ、言語のそうした表象機能を解明しようとするものである[8]。すなわち、語はどのようにして表象を名指すのか、そして、同時的に与えられる表象を継起的な言説によって示すために語はどのような順序で並べられるのか、ということが問われるのである。次に自然に関しては、「博物学」。そこで目指されるのは、まず、自然において可視的なもののうち、「分析され、万人に認められて、誰もが理解できる一つの名を受け取ることの可能な」ものだけを見ることによって、自然の諸存在に名を与えることであり[9]、そして次に、それらの諸存在を、「それらを他に近づけたり他と区別したりする同一性と差異の体系」のなかに位置づけつつ分類することである[10]。最後に、「富の分析」。ここでの問題は、「貨幣を、富を表象し分析するための道具となし、そして逆に富を、貨幣によって表象される内容とする」ことである[11]。つまり、貨幣は富の記号であるということ、そして富は、貨幣という記号を与えられることで初めて交換可能になるということだ。そして貨幣と富とのそうした表象関係が、貨幣の総量を富の総量に対応させるというやり方によって秩序づけられることで、望ましい価格と円滑な流通が得られるとされるのである。

表象の自律性

言語、自然、富に対して記号を与えつつそこに秩序を設定しようという以上のような企ては、もちろん、何よりもまず、記号によって示されるものの側の秩序を前提している。一般文法とは思考の秩序と言語の秩序との関係について研究するものであるし、博物学とは自然の秩序から出発して自然の存在を名づけ分類しようとするものであるし、富の分析とは流通すべき富に対する貨幣の関係を扱うものである。しかし、だからといって、古典主義時代の知が、表象の背後にあって後から表象に宿りにやってくるような事物の存在を想定しているということにはならない。

一般文法にとっての言語とは、思考が思考自身を表象するようなやり方で思考を表象するもの、思考の網目のなかにすでに織り込まれたものであるし、博物学によって記述される自然とは、語によって表象可能なものに還元された自然であるし、富の分析にとって分析すべき富は、貨幣によって表象されて初めてそこにある。つまり、問題はあくまでも、表象に与えられたものから出発してそれを分析することなのだ。古典主義時代の思考が表象空間を超え出ることは決してなかったということ、表象空間はその全面的な自律性を保っていたということであり、そうした思考にとって、表象の「外」は存在しなかったのである。

そしてここから、根源的なもの、構成的なものとしての有限性を思考することが、古典主義時代においては不可能であったということについても理解される。

事物の存在を表象の外に想定することがなかった古典主義時代の思考にとっては、事物と表象とがどこでどのようにして結びつくのかという問いもやはり無縁のものであった。その思考においては、「そのために表象が存在する者、像ないし反映として自らを認知することによって表象のうちに自らを表象する者」が、徹底して不在であったということ[12]。表象を自らのために構成する者としての「人間」は存在しなかったということだ。そしてそのように表象を基礎づける者の存在がそもそも問題にならない以上、そうした存在に固有の有限性が問題にされることもやはり不可能であった。人間が有限なる存在者であるという事実が、人間は無限ではないということ以上の意味を持つことはありえなかったのである。構成的なものとしての有限性は、表象空間の内部において全面的に展開される古典主義時代の思考のなかに、自らの場を持ちえなかったのだ。

メルロ＝ポンティは、デカルト的反省が有限性にネガティヴな意味しか与えていないことを、無限についての独断論にもとづくものととらえていた。これに対し、フーコーは、古典主義時代の知に特有の整合性を見いだしつつ、有限性にポジティヴな意味を付与する可能性がそうした整合性によってそもそもの最初から排除されていたことを示す。彼は、十九世紀以前に有限性が根源的なものとして思考されなかったことを、「意識化」の未完成ではなく、当時の認識論的布置における一つの必然的な帰結とみなすのである。

人間における有限性が構成的なものとしての地位を獲得し、人間にとって最も近しい関心の対象となりうるためには、したがって、古典主義時代のエピステーメーに根本的な変換が生じる必要があった。フーコーによれば、そうした変換は、十八世紀の終わりに、二つの段階を経ることでなされたという。

晦冥な垂直性

まず、第一段階においては、表象の分析に専念していた研究分野のそれぞれに対し、表象の外から自らの秩序を課すものが出現することになる。一般文法に対しては、文法的な語形変化としての「屈折」という要素が、語の指示能力に還元することのできない言語の内的メカニズムの存在を示すものとして登場する。博物学においては、機能上の従属関係にもとづいて階層化された

「有機構成」が、表面において可視的なものを身体の不可視の厚みにおいて支えるものとして見いだされる。そして富の分析においては、それまで交換可能な富の一部をなすにすぎないものとみなされていた「労働」が、あらゆる交換を通じて同一にとどまる絶対的な計量単位として明かされる。要するに、表象の分析を可能にする条件が、「表象の外部、その直接的な可視性の彼方、表象そのものよりも深みにあってより厚みのある一種の背後の世界のなか」に見いだされるようになるということだ[13]。こうして、表象空間はその至上の自律性を失い、それまで表象空間の内部に安らいでいた事物は、「自らに巻きつき、固有の嵩を自らに与え、我々の表象にとっては外部にあるような内的空間を自らに規定する[14]」。したがって、以後、事物の秩序を打ち立てるためには、表象の後方に退いた事物そのもののうちに秘められたものを参照しなければならなくなるだろう。表象にとっては外的であるような事物のこの内的空間、還元不可能な力の貯蔵庫としての「深層（profondeur）」こそ、十八世紀末における最も重要な概念上の発明品の一つに他ならないとフーコーは言う。

> こうしてヨーロッパ文化は、一つの深層を発明する。この深層において、問題はもはや、同一性でも、弁別特徴でも、永続的な表とそれが辿りうるすべての道や経路でもない。そうではなくて、以後、その到達不可能な原初の核から出発して展開された、隠れた大いなる力が問題となり、起源、因果性、歴史が問題となる。以後、事物が表象に与えられるのはもはや、そのよ

うに自らのうちに引きこもった厚みの底からにすぎないことになろう。事物は、おそらくはもつれあい、その晦冥さゆえにさらに闇のなかに飲み込まれながらも、自分自身に強く結びつき、寄せ集められるにせよ分割されるにせよ、彼方の力、あの厚みの底に潜む力によって、容赦なくひとまとめにされる。一方、可視的な諸形象、それらのあいだの絆、それらを分離してそれらの輪郭を描く余白、こうしたものは、もはや我々の視線に対し、時間とともにそれらを醸成する下方のあの夜のなかですでに分節化された全くの合成物としてしか与えられないことになるだろう。[15]

この発明とともに、真理は事物の不可視なる厚みのなかに後退し、その一方で、知覚可能な秩序の方は、「一つの深層の上の表面的なきらめき」にすぎないものとなる。[16]可視と不可視との新たな関係を基礎づけるものとしての「晦冥な垂直性」が創設されるということだ。[17]ところで、メルロ゠ポンティ哲学への暗示を含むとも思われるこうした記述は、『臨床医学の誕生』において、十八世紀末における新たな可視性の形態の成立として語られていたことと正確に重なり合う。一九六三年の著作が実証的医学の誕生との関連で示唆していたのは、「あらゆる具体的な知にとって必要なもの」とされる可視と不可視との関係が変容し、真理が「事物の暗い核」に住まうようになるという出来事であった。この出来事が、今度は、表象空間からの事物の後退というかたちであらためてとり上げ直されているのである。要するに、『言葉と物』が明らかにしようとしているのは、ここでもやはり、「見えるものの潜勢力」としての見えないものが歴史的に構成されることによって初めて、表面において目に見えるものが「汲み尽くしえぬ深みの表面」として現れるということなのだ。

とはいえ、このような表象外部の力の承認は、最初の段階においてはいまだ控えめなものである。というのも、それぞれの領域における知の任務は、依然として、表象に記号を与えてそれを秩序づけることであるからだ。屈折が発見された後も言語の本質は依然として名指すことにあるとされていたし、有機構成はあくまでも知覚可能な類似のレヴェルにおける分類のために役立つものとして扱われていたし、労働は、絶対的計量単位として発見されたとはいえ、いまだ売買可能な商品のうちの一つとみなされていた。つまり、この段階では、表象に還元することの不可能な要素が見いだされながらも、そうした要素を表象の内部に統合しようという努力がなされていたということだ。これに対し、変換の第二段階においては、古典主義時代に特有の任務としての表象の分析が完全に放棄されるとともに、新たな認識論的布置のもとで、言語、自然、富のそれぞれについて以前と根本的に異なる探究が開始されることになる。

新たな認識論的布置

まず言語に関して。以後、一つの語は、「その語に対し第一義的で根本的かつ決定的なものとしての一つの言語体系の文法的全体」に属している限りにおいて、何かを指し示すことができるとされる[18]。言語の本質は名指すことであるという公準が放棄されるということであり、こうして、各々の言語体系がそれに属する語を互いに結びつけるやり方についての探究、純粋に文法的なものの次元に関する探究が創始されるのである。次に、自然の諸存在が、可視的な分類学的空間から解放される。知覚に与えられる多様性は、もはや、「多様なやり方で自己を実現し自らの目的を達成することのできる機能上の大きな統一性」によってもたらされた、表面上の効果でしかないものとされる[19]。生物は、表面において目に見えるものから出発してではなく、「到達すべき結果という知覚しえないかたちで規定された機能」から出発して研究すべきものとなるのだ[20]。そして最後に、貨幣と富との表象関係についての理論は、生産の理論の優位の前に消え去ってゆく。売買可能な商品としての労働とは区別されるものとしての、生産活動としての労働、「あらゆる価値の源泉」としての労働が、富の交換可能性を支えるものとして発見されるということだ[21]。したがって以後、問題は、表象に記号を与えつつそれを秩序づけることではなく、表象の外にあって表象を条件づけるものに問いかけることとなる。一般文法、博物学、富の分析に代わって、諸言語の文法構造を扱う比較文法、生命の機能を扱う生物学、労働と生産を扱う経済学が、ここに形成されるのである。

十七世紀から十八世紀にかけての認識論的布置がどのようにして崩壊し、それがどのようにして新たな布置によって取って代わられたのかということについてのフーコーの分析は、以上のとおりである。そして彼によれば、そのように事物が深層へと後退し、表象の限界が示されて、それまでとは異なる地盤のもとで思考が再開されるとき、そのときに初めて、古典主義時代の思考が、「決してそれ自身の輪郭を描き出したことがなく、迷妄な独断論のなかにとどまり、決して自らの権利の問題を明らかにしたことのないような、一つの形而上学」として告発されることになるという[22]。表象を表象し尽くそうとする際限のない営みが、一つの「錯覚」にもとづくものとみなされるようになるということであり、ここから、表象の可能性と限界を見極めようという任務が生じることにもなる。「批判」が必要となるのである。

客体の形而上学

したがって、十八世紀末の西洋に生じた一連の認識論的変動は、表象の自律性を基礎とする形而上学に終止符を打つ。しかしその一方で、そこに新たに開かれた領野には、もう一つ別の形而上学の可能性がもたらされることになるとフーコーは言う。事物は、表象空間から解放されるやいなや、今度は自身の謎めいた厚みのなかに囚われとなる。表象の外に措定され、認識に対して決して完全には与えられることのない事物は、まさにそのことによって、ありとあらゆる認識の可能性の条件として自らを差し出すことになる。言語の力、生命の力、労働の力が、客体の側における「超越論的なもの」として価値づけられるということであり、ここに、その「決して客体化できぬ客体」をめぐって、新たな形而上学的任務が登場するのである。

現在のあらゆる表象の地平にあって、自らを表象の統一性の基礎として示すもの、それは、決して客体化できぬ客体であり、決して完全には表象することのできぬ表象であり、顕わであると同時に不可視であるような可視性であり、自らを差し出し我々のもとにまでやって来るものを基礎づけるというまさにそのことゆえに一歩退いた場所にあるような実在である。すなわちそれが、労働の力であり、生命の力であり、語る力なのだ。我々の経験の外縁をさまようこうした形式から出発することによってこそ、事物の価値、生物の有機構成、諸言語の文法構造と歴史的類縁関係といったものが、我々の表象までやって来て、我々に対し、認識というおそらくは終わりのない任務を要請するのである。[23]

深層の発明をめぐる『言葉と物』の記述が、『臨床医学の誕生』における可視性の形態の変容の分析と重なり合うものであるということについては、すでに指摘しておいた。そしてここに再び、それら二つの著作のあいだの照応関係を、より明白なかたちで見いだすことができる。実際、「顕わであると同時に不可視であるような可視性」が要請する「終わりのない任務」に関する記述はまさしく、一九六三年の書物において「不可視なる可視性」および「事物の暗い核」について語られていたことを、ほとんどそのままとり上げ直したものに他ならない。真理が、「客体の執拗かつ越えがたい厚み」のなかに退くとともに、そこから絶えず我々を呼び求めるものになるということ。『臨床医学の誕生』がすでに粗描していたこの認識論的変容を、『言葉と物』は、十八世紀末のエピステーメーの変換によって引き起こされた出来事としてあらためて描き出す。一九六六年の著作は、そもそもどのようにして可視と不可視とのあいだに新たな関係が結ばれ、見えないものが見えるものの潜勢力のようなものとなったのかという、六三年の著作ではいまだ問われていなかった問いに対し、その歴史的探究によって一つの回答を提示しているのだ。

そしてフーコーによれば、見えないものの力、ネガティヴなものの力がそのようにして承認されるとともに、それによってもたらされる最も重大な帰結のうちの一つとして生じるのが、まさしく、人間における有限性への根源的価値の付与なのである。

3　人間学の眠り

あらゆる真理の真理

すでに見てきたとおり、表象空間の内部で思考が全面的に展開されている限り、その空間を自らのために構成する者についての問いが提出されることはなかった。これに対し、事物が自らの厚みのなかに退き、表象がもはや事物の単なる表面上の効果にすぎないものとなって以来、そうした効果を受け取る者、事物に対する外在的関係から出発して表象を自らに与える者の存在が要請されることになる。表象空間の崩壊によって事物と表象とのあいだに穿たれた隔たりのなかに、それらを結びつける者としての「人間」が登場することになるのだ。

そしてこの人間はただちに、有限な存在として、それも二重の意味で有限な存在として現れる。一方において、外部から表象に課される事物の法則が認識に直接的に与えられることはないという意味で、人間は限界づけられた存在である。しかし他方、人間の認識の限界を経験においてネガティヴなかたちで示すこの有限性の背後に、そうした経験をそもそも可能にするものとしての有限性、人間的経験の基礎にあるものとしての有限性が見いだされる。実際、もし人間が「動物的生の、無言で闇に埋もれた直接的かつ幸福な開示のなかに囚われている」とすれば、人間の経験内容は人間自身にとって完全に闇のなかにとどまることになるだろうし、かといって、もし人間がそれを「無限の悟性のきらめきのなかで余すところなく踏破できる」としたならば、その経験内容は、「それから出発してそれを覆い隠す」ようなやり方で人間に与えられはしないだろう。[24]人間の認識は、神の無限の能力とも動物の無能力とも区別される能力、人間に固有の有限な能力を、その可能性の条件とするものであるということ。構成的な有限性、超越論的なレヴェルにおいて価値を持つものとしての有限性が、ここに登場することになるのである。

そのように認識の基礎にあるものとして見いだされることで、人間の有限性は、それ自体、人間理性にとっての大きな関心事となる。というのも、事物の後退とともに、真理はもはや表象に直接与えられることはなく、自らを隠しつつ見せるというかたちでしか姿を現さなくなるわけだが、そうした真理の存在様態を可能にするものこそまさしく、人間固有の有限性に他ならないとされるからだ。人間が真理を失うと同時に真理によって絶えず呼び求められるという動きに対して一歩退いたところに、そうした動きの起源にあるものとして、人間における有限性が見いだされるということ。根源的に有限なる存在としての人間に関する問いが、いわば、「あらゆる真理の真理」に関する問いとしての価値を得ることになるのである。[25]

第二章で確認したとおり、フーコーは、批判哲学によって告発された「超越論的錯覚」の必然性が「有限性の具体的な傷跡のうちの一つ」として解釈されることで、そうした錯覚がいわば「真理の真理」のようなものとなったのだということを、カント『人間学』への序論において示そうとしていた。哲学史的文脈の内部で行われたそうした考察を、西洋のエピステーメーに関する歴史的分析のなかであらためてとり上げ直し、練り上げながら、『言葉と物』は、そのように根源的なものとしての価値を獲得した有限性に関してどのような問いかけがなされるようになるのかということを、より明確なやり方で示そうとする。人間存在およびその有限性をめぐる近代に特有の探究としてフーコーが描き出そうとするもの、それが、「有限性の分析論」と呼ばれるものである。

有限性の分析論

「有限性の分析論」において問題となるのは、「人間が決定されていることを示しつつ、そうした諸決定の基礎が、そのラディカルな限界における人間の存在そのものであるということを現し出すこと」である。[26] 人間の経験に限界として示される事実上の有限性の背後、その下方に、それを基礎づけるものとしてのもう一つの有限性が探し求められるということだが、この分析論の最大の特徴は、それら互いに異なるものとして見いだされた二つのレヴェルを、あらためて一つに重ね合わせようとするところにある。すなわち、そこで試みられるのは、「経験的なものを超越論的なもののレヴェルにおいて価値づける」こと、つまり、経験に与えられたものに問いかけることによってその経験の諸条件を明るみに出すことなのだ[27]。人間を人間自身の基礎とし、有限性を有限性そのものの基礎とするために、自分自身を絶えず二分化しつつ一方における他方の反復を示そうとすること。「二重化された照合の果てしのない戯れ」がここに始まるのである[28]。

自分自身を自分自身によって基礎づけるために終わりのない省察を引き受けること、これは、メルロ＝ポンティにとっては、哲学の任務そのものであった。哲学は、「自分があらゆる知識に差し向ける問いを自分自身にも差し向ける」必要があるのであり、その結果、哲学は自身を際限なく二重化し、「一つの対話ないしは一つの終わりのない省察となるだろう」、というわけだ[29]。これに対し、フーコーにとって、人間の有限性のそれ自身に対する果てしのない照合は、「独断論の眠り」から目覚めるや否や「新たな眠り」を眠ること以外の何ものでもない。「奇妙な経験的かつ超越論的な二重体[30]」としての人間を対象とする「有限性の分析論」について、それが実は自らの可能性の条件そのものに抵触する重大な難点を孕んでいることを示すフーコーのやり方は、おおよそ以下のとおりである。

人間における有限性が構成的なものとして出現することをそもそも可能にしたのは、表象空間からの事物の後退であった。つまり、表象とそこに自らの姿を垣間見せる事物とのあいだに越えがたい隔たりが見いだされるようになるとともに、その帰結として、それらを結びつけるものとしての人間存在が、自らに固有の有限性を携えて登場したのであった。ところで、その有限性に狙いを定めつつ、認識に与えられた経験的内容から出発して認識の諸条件を明るみに出そうとする「有限性の分析論」は、表象とそれを条件づけるものとのあいだに穿たれた空隙、有限性が構成的なものとして出現することを可能にしたまさにその空隙を、無造作に埋めようとする。すなわち、経験的なものを超越論的なものの上に折り重ねようとするその企ては、表象空間の自律性が崩壊することによって必然的なものとして課されることになったそれらのあいだの区別を拠り所とすると同時に、その区別を無邪気なやり方で乗り越えようとするものであるということだ。事物がその「暗い核」に退き、真理が人間から逃れ去りつつ人間を呼び求めることになるとともに、「あらゆる真理の真理」として価値づけられた人間の真理もやはり、そうした後退の運動に委ねられる。「有限性の分析論」は、そのように絶えず逃れ去るものを我が物とするために、際限のない問いかけに身を委ねることを自らに許す。あたかも、人間存在の「暗い核」ないし「物自体」だけは、経験の可能性の外に置かれてはいないかのように。あたかも、自らを基礎づけるものをめぐる問いかけが、人間にとっての義務であるかのように。あたかも、人間に関してだけは、喪失しつつあるものの回収を希望することができるかのように。したがってここに見いだされるのは、人間主体という特権的存在に関してだけはそうした侵犯ないし混同が許されているかのように振舞う「前批判的な素朴さ」である[31]。思考が独断論の眠りから覚めるやいなや、そこにはすでに新たな眠りが準備されていたということ。経験的なものと超越論的なものとの折目において発せられる「人間とは何か」という問いのもとで、思考は「人間学の眠り」を眠ることになるのである[32]。

ハイデガーは、「批判」におけるカントの三つの問いが人間に固有の有限性への関心に集約しうるということを示しつつ、この有限性に対してどのように問いかければよいかということを考察していた。これに対しフーコーは、一九六一年のカント論ですでに、そうした有限性をめぐる人間学的問いかけを、経験の限界を超え出ようという前批判的企てを客体の側から主体の側へと滑り込ませたものとして告発していた。そして『言葉と物』は、その構成的有限性を、表象と事物とのあいだに隙間が穿たれたことの帰結としてもたらされた形象とみなしつつ、それを経験的なレヴェルにおいて示される有限性から出発して明るみに出そうとする思考を「人間学の眠り」と断ずる。「人間」およびその根源的有限性が歴史的に構成されるその過程を跡づけながら、フーコーは、人間が自らに固有の有限性をどのようにしてついに「意識化」したのかと問う代わりに、人間の根源的有限性なるものがどのようにして知の特権的な対象となり、それに対して問いかけようとする「終わりのない任務」がどのようにして思考に課されることになったのかを示してみせるのである。

十八世紀末の西洋における認識論的布置にどのような抜本的変容が生じたのか。そしてそこからどのようにして、主体としての人間を特権的対象とする思考が生み出されることになったのか。こうした問いに対し、『言葉と物』は、深層の発明から根源的有限性の構成へと至る歴史的プロセスを明らかにすることによって答える。現象学者たちが「意識化」ないし「打開」とみなしていた出来事が、ここでは、「終わりのない任務」のなかで思考を「新たな眠り」へと導くものとして暴き出されているのだ。人間についての反省が歴史的に形成されたかりそめの地盤の上に成立していることを明るみに出しながら、フーコーの言説は、再び思考を目覚めさせるために、そうした地盤をぐらつかせ、根底から覆そうとするものとして自らを差し出すのである。

第四章・注

（1） NC, p. 890〔二六八頁〕

（2） AK, p.74〔一五〇頁〕

（3） M. Merleau-Ponty, *Phénoménologie de la perception*, Paris, Gallimard（Collection Tel）, 1976, p. 55〔『知

覚の現象学1』、竹内芳郎、小木貞孝訳、みすず書房、一九六七年、九一頁〕

（4）*Ibid.*〔同書、九二頁〕

（5）*Ibid.*

（6）M. Heidegger, *Kant und das Problem der Metaphysik, op. cit.*, p.217〔二一一頁〕

（7）*Ibid.*, p. 231〔二二四頁〕

（8）MC, p. 1134〔一一〇頁〕

（9）MC, p. 1184〔一五七頁〕

（10）MC, pp. 1189-1190〔一六二頁〕

（11）MC, p. 1227〔一九六頁〕

（12）MC, p. 1371〔三二八頁〕

（13）MC, p. 1296〔二五九頁〕

（14）MC, p. 1296〔二五九頁〕

（15）MC, p. 1309〔二七〇—二七一頁〕

（16）MC, p. 1309〔二七〇頁〕

（17）MC, p. 1309〔二七〇頁〕

（18）MC, p. 1342〔三〇一頁〕

（19）MC, p. 1323〔二八三頁〕

（20）MC, p. 1324〔二八四頁〕

（21）MC, p. 1312〔二七三頁〕

（22）MC, p. 1300〔二六二頁〕

（23）MC, pp. 1301-1302〔二六三—二六四頁〕

（24）MC, p. 1377〔三三四頁〕

(25) MC, p. 1407〔三六三頁〕
(26) MC, p. 1405〔三六〇頁〕
(27) MC, p. 1384〔三四〇頁〕
(28) MC, p. 1379〔三三六頁〕
(29) M. Merleau-Ponty, *Phénoménologie de la perception*, *op. cit.*, p. XVI〔『知覚の現象学1』、前掲書、二五頁〕
(30) MC, p. 1382〔三三八頁〕
(31) MC, p. 1384〔三四〇頁〕
(32) MC, p. 1407〔三六二―三六三頁〕

第五章

新たなポジティヴィスムへ

ここまでの考察で見てきたとおり、フーコーの「考古学的」探究には、確かに、以前の自分自身からの離脱の努力がはっきりとしるしづけられている。一九六一年の『狂気の歴史』は、狂気経験の歴史的変容を扱いながら、人間主体に固有の真理の在り方をめぐる人間学的公準を明るみに出す。一九六三年の『臨床医学の誕生』は、真理が人間を逃れ去りつつ人間を呼び求めるという図式の根底にあるものとしての一つの可視性の構造を描き出すとともに、その歴史性を指摘する。そして一九六六年の著作は、そうした構造が歴史のなかでどのようにして形成され、そこから、至上の主体であると同時に知の特権的客体でもあるものとしての人間がどのようにして出現することになったのかを暴き出す。一連の歴史研究のなかで人間学的思考をこのように問題化することによって、一九六〇年代のフーコーは、自らがかつて拠り所としていた地盤がいかに脆いものであるかということを示しつつ、そこから身を引き離していくのである。

そしてそうした離脱のプロセスにいわば最後の仕上げをもたらすのが、『知の考古学』である。『言葉と物』の刊行前にすでに構想されていたという一九六九年のこの著作において、フーコーは、それまでの自身の歴史研究のなかでいわば盲目的なやり方で使用してきた研究方法に関する理論的考察を展開しつつ、そうした方法ないし理論を、まさしく主体の至上権からの解放によって初めて打ち立てられうるものとして提示しているのだ。そこでこの章では、人間学的思考からの、したがってかつての自分自身からの脱出の努力が、『知の考古学』のうちにどのようなかたちで示されているのかということについて考察を進めていくことにしよう。連続的歴史の拒絶と解釈学的方法の拒絶という、この書物のうちに明らかに見いだされる二つの拒絶の身振りが、考察のための導きの糸として役立つことになるだろう。

1 人間学的隷属からの解放

離脱の帰結および仕上げ

『知の考古学』について検討する上で最初に注目したいのが、以下の記述である。というのも、六〇年代の自らの一連の歴史研究が人間学的思考からの離脱を目指したものに他ならないということを、フーコー自身がここに明確に述べているからだ。ここ数十年のあいだに歴史研究の分野に大きな変革がもたらされたにもかかわらず、思考の歴史は依然として古い伝統から抜け出すことができずにいるということを指摘した後、フーコーは次のように語る。

この地点において、『狂気の歴史』、『臨床医学の誕生』、『言葉と物』が、非常に不完全なやり方でその輪郭を描いた一つの企てが明確になる。それは、歴史学の領域で一般的に起こっている変異について、その重要性を測ろうとする企てである。それは、思想史に固有の方法、限界、テーマを問いに付そうとする企てである。それは、最後の人間学的隷属を断ち切ろうとする企てであると同時に、そうした隷属がどのようにして生じえたのかを明るみに出そうとする企てなのである。これらの任務が、いわば雑然としたやり方で粗描されたのであり、それらの全般的な連接については明確にされていなかった。そろそろそれらの任務に対して整合性を与える――あるいは少なくともそれを試みる――べき時であった。そうした試みの結果もたらされたもの、それがこの書物なのである。[1]

六〇年代の歴史研究は、「最後の人間学的隷属を断ち切ろうとする企て」によって貫かれていたということ。「考古学的」探究をフーコーの自分自身からの離脱の努力として読み解こうとしてきたここまでの作業は、したがって、この言葉に内実を与えようとするものであったと言えるであろう。そして『知の考古学』は、それら一連の具体的探究に「整合性を与える」ことを目指す。つまり、人間学的思考の歴史を探りつつその思考を問題化した後で、そうした歴史研究のために用いられた方法についてあらためて検討し、これを「一切の人間学主義を廃した」ものとして打ち立てようとするのである。[2]この著作は、一方において、それまでいわば「盲目的な」やり方でなされてきた試みを、理論的な練り上げによって明るく照らし出そうとするものである。しかし他方、「人間学的テーマから解放された歴史的分析の方法を定める」ことが問題となる以上、その理論は、それまでの研究の成果を拠り所としている。その理論が立脚するのは、「その理論によって発見された地盤」に他ならないということ。[3]要するに、一九六九年の著作は、フーコーにおける脱出の手続きのなかに、その仕上げであると同時に帰結であるようなものとして位置づけられるのである。

言説の記述による我々の診断

それでは、そのような離脱の帰結および仕上げを、一九六九年の書物のなかに、具体的にどのようなかたちで見いだすことができるだろうか。すなわち、そこでなされている理論的練り上げは、人間学的隷属からの解放を、それまでの歴史研究の成果に依拠しつつどのようにしるしづけているのだろうか。

こうした問いに答えるために、まずは、『知の考古学』においてフーコーが自らの研究方法をおおよそどのように定義しようとしているのか、確認しておこう。この著作の「緒言」のなかで、彼は、「考古学」にとっての問題が「諸々の言説を記述すること」であると語る。つまり、伝統的な思想史が「思考のひそかな動き」を暴き出そうとしていた場所に、自分は、「「語られたこと」のレヴェルを、その種別性において出現させたい」のだ、と。その「語られたこと」の領域を、「古文書」を意味する«archives»という単語をあえて単数形で用いて「アルシーヴ(archive)」と名づけつつ、フーコーは「考古学(archéologie)」を、そのアルシーヴに関する研究として定義するのである[4]。

そして『知の考古学』本編では、「語られたことを、それがまさしく語られた限りにおいて記述すること」[5]としての「考古学」が、アルシーヴに対する適切な時間的距離を要請するものであること、そしてその限りにおいて「我々の診断」のために役立つものであることが述べられる。

フーコーによれば、我々は、現在の我々自身のアルシーヴを記述することができない。というのも、我々が語りうることを条件づけるのはまさしく我々のアルシーヴそのものであるからだ。とはいえ、現在から遠く隔たった時代のみを扱うとしたら、そうした探究は正当化困難なものとなるだろう。アルシーヴは、そこから時間的に距離を置けば置くほど分析可能なものとなるだろうが、しかしそうすると、そうしたアルシーヴの記述がどのようにして可能になるのか、そうした記述は何を出発点とすればよいのかといった問いに答えることができなくなるだろうということだ。アルシーヴの分析は、時間的後退を必要とすると同時に、その後退をできる限り短くして、「アルシーヴ一般について今日語ることを可能にしているそのアルシーヴのシステム」に最大限近づかなければならないということ。その分析が照準を定めるのは、「我々に近接していると同時に我々の現在性とは異なるものとして、我々の現在を取り囲み、その上に張り出して、それをその他性において示す」ものなのだ[6]。そしてそのように、我々の現在と、もはや我々と同時代的ではないものとのあいだの関係について問いかけることによって、その分析は、「我々の診断のために有効なもの」となる。ただしそれは、そうした分析が、我々の弁別特徴を明らかにしたり、我々の将来の姿をあらかじめ粗描したりすることを可能にするということではない。そうではなくて、その分析は、「我々を、我々自身の連続性から断ち切る」[7]。つまり、歴史の断絶を追い払うことによって同一性のなかに安らごうとする代わりに、「考古学」は、あらかじめ打ち立てられたいかなる同一性にも還元することのできないような諸々の要素を浮かび上がらせるということだ。「我々の診断」は、我々の外にあって我々と境界を接しているものに問いかけることによって、現在の我々を差異として明るみに出すのである。

連続性と解釈

ところで、「語られたこと」のレヴェルにとどまりつつ「我々の診断」を行うものとしてのこうした「考古学」の定義は、それがとりわけ二つのテーマを拒絶するものであることを、多少とも明示的なやり方で表している。一方において、我々を差異として際立たせるものとしての「我々の診断」は、断絶を追い払いつつ連続性を再構成しようとする歴史研究のやり方に異を唱えるものである。他方、「語られたことを、それがまさしく語られた限りにおいて記述すること」、これは、言説の背後に言説が隠しているものを探り出そうとするような探究、すなわち解釈学的な探究と相容れないものである。そして、歴史の連続性と解釈学的方法とをともに遠ざけようとするこうした身振り、『知の考古学』の全体を通じて幾度となく繰り返されるこれら二つの身振りこそ、「最後の人間学的隷属を断ち切ろうとする企て」を端的なやり方で表明するものに他ならない。つまり、解釈と連続的歴史はともに、人間学的思考とのあいだに深いつながりを持つものである限りにおいて、フーコーによって徹底して退けられるということだ。そこで、それら二つのテーマが一九六九年の著作においてどのようなやり方で特徴づけられ、どのようにして払いのけられるのかということを、これから順に検討していくことにしよう。

2　歴史とアプリオリ

連続的歴史と主体性

まず、連続性の拒絶について。先ほど確認したとおり、『知の考古学』において、「考古学」は、歴史のなかに思考のひそかな連続的運動を復元しようとする代わりに、「我々を我々の連続性から断ち切る」ものとして提示される。歴史研究を連続性の再構成とは別の方向へと導こうとするこうした身振りが、人間学的思考からの解放への努力に他ならないということ、これは、フーコー自身が明確に述べていることである。すなわち、「生き生きとして連続的な」歴史は、人間主体の特権を維持するための「最後の場所」として役立つものであり、この「古い砦」をまずは捨て去る必要があるのだ、と。(8)

では、連続的歴史はどのようにして主体の至上権の保持のために役立つのか。そしてその連続的歴史を、一九六九年の著作はどのようなやり方で決定的に問題化することになるのか。

特権的な避難所

人間主体の特権化と歴史の連続性の復元という企図とのあいだには、根本的な結びつきがあるということ。これは、構造主義の旗手クロード・レヴィ゠ストロースが、サルトルらの哲学者によって歴史学に付与された特権を糾弾しつつすでに指摘していたことである。時間の広がりのなかに分散した出来事を、一つの状態からもう一つの状態への連続的な変化として再構成することを目指す歴史学のなかに、レヴィ゠ストロースは、「歴史性を超越論的人間主義の最後の隠れ家にしようとする魂胆」を看取する。[9] つまり彼は、不連続の総体としての歴史を連続的進展としてとらえ直そうとするそうした歴史主義を、人間の内面性と歴史との等価性を打ち立てようとするもの、内的に感じている自らの意識の連続性と同様の連続性を持つものとして歴史を価値づけようとするものとみなすのである。意識の哲学と歴史学との共犯関係をめぐるこうした告発を自らのやり方でとり上げ直しながら、フーコーは、そこからさらに考察を深めることになる。

人間主体の至上権から自由になった歴史研究の方法を確立するためには連続性のテーマからの解放が不可欠であるということ、これは、『知の考古学』の序論において何よりもまず強調されていることである。狭義の歴史学が非連続性や分散といった概念を受け入れてそれを使用しているのに対し、思考をめぐる歴史研究が依然として連続性を打ち立てることに固執していることを指摘しつつ、フーコーは、思考の歴史のそうした傾向を、レヴィ゠ストロースと同様、歴史を人間学的思考の拠り所として価値づけようとすることによってもたらされたものとみなす。すなわち、思考の歴史を中断なき連続性の場所として維持しようとする人々は、そうすることによって、

「意識の至上権」にとっての「特権的な避難所」を得ようとしているのだ、と。[10]実際、思考の歴史を、その起源から連続的に進行する進歩の歴史として描き出すことができるならば、そうした歴史は、人間の意識をあらゆる生成の根源的主体として確立し直し、時間の分散のなかで人間から逃れ去ったものの人間への返還を保証してくれるものとなりもしよう。連続的な歴史は、「主体の創設的機能にとって欠くことのできぬ相関物」であるということ。「歴史的分析を連続的なものに関する言説に仕立てることと、人間の意識をあらゆる生成およびあらゆる実践の根源的主体に仕立てること、これは、同じ一つの思考システムの両面である」ということだ。[11]したがって、人間学的テーマからの解放を企図する「考古学」は、そのテーマと密接に結びついたものとしての連続性への訴えから何としても自由にならねばならないのである。

科学の統一性

レヴィ゠ストロースは、人間主体の至上権と連続的歴史との共犯関係を告発する際、サルトルの哲学をその直接的な標的としていた。これに対し、フーコーが暗黙のうちに照準を定めていると思われるのは、フッサールの現象学、それもとりわけ「幾何学の起源」において展開されているようなものとしてのフッサール哲学である。というのも、一九三六年の日付を持ち、フランスでは一九六二年にデリダによる翻訳が出版されたこの短いテクストでは、幾何学という一つの科学の統一性から出発して連続的に進歩するものとしての歴史が語られているのだが、『知の考古学』は、まさしくそうした科学の統一性そのものを問題化することによって、歴史の連続性に異論を唱えているからだ。そこでまずは、フッサールが歴史に関するどのような哲学的考察を提示しているのかを確認し、次いで、一九六九年の著作におけるフーコーの記述がいかなるやり方でそれに対する反論を構成しているのかを検討していこう。

「幾何学の起源」において企てられているのは、幾何学の意味の起源の探究である。すなわちそこでは、数千年前から存在し続けてきたものとしての幾何学、そして今なお存在し絶え間なく練り上げられつつあるものとしての幾何学が、歴史のなかで、いかなる「根源的意味」において誕生したのかが問われているということだ[12]。そして、一つの科学の起源への遡行というこの企図のうちにほとんど自明の理として想定されていること、それは、幾何学という一つの科学が、歴史のなかでとりうるすべての形態を貫いて自らの統一性を維持し続けるものであるということ、そしてそれが、原初の創造的活動から生じ、新たな精神によって引き継がれて絶えず前進し続けるような、人間主体の営みの全体的成果であるということである。「幾何学「なるもの」（«die Geometrie»[13]）」の時間を貫く同一性から出発し、それを歴史性の主体としての人間へと送り返しつつ、フッサールは、そのように連続的進歩のかたちをとる歴史を、あらゆる科学に妥当するもの、さらには、歴史一般に妥当するものとしてとらえようとする。つまり彼は、幾何学の根源的な意味をめぐる問題を、ただ単にある特定の科学の歴史に関する問題としてのみならず、「人間性と文化世界との相関的存在様式の普遍的歴史性[14]」にかかわる範例的問題として価値づけようとするのであり、ここから、数学の一部門に関するささやかな考察が、歴史の全体性への問いへ、「理性の普遍的目的論[15]」へと導かれることになるのである。

実際、もし、あらゆる科学のなかに、時間のなかで損なわれることの決してないような根本的統一性を認めることが可能であるとしたら、歴史一般の連続性を信じる根拠が得られることになりもしよう。そのとき、それぞれの科学が時間のなかで身にまとった多様な形態は、人間の進歩の深い動きによってもたらされた表面上の効果にすぎないと考えられることにもなるだろうし、そこから、人間理性の目的論にかかわるテーマに生が吹き込まれることにもなるだろう。ところで、『知の考古学』において、思考の歴史をそれが囚われとなっている連続性のテーマから解放するためにフーコーがまず着手するのは、まさしく、「医学なるもの、文法なるもの、政治経済学なるもの（*la* médecine, *la* grammaire, *l'*économie politique）」などのうちに通常見いだされる統一性を問い直すことである[16]。つまり彼は、六〇年代に行われた自身の一連の歴史研究の成果を踏まえつつ、対象の恒常性やテーマの同一性などといった、一般に歴史を貫く科学の統一性の支えとみなされているものが、実は決してそのようなものではないことを示すのである。科学的言説の統一性は、「一度で決定的に設立された形式が、至上の権威のもとで時間を貫いて発達したもの」ではないということ[17]、「普遍的歴史性」に到達するための出発点として役立つようなものではないということだ。

一つの科学のあらかじめの統一性から出発して歴史を構成する原理に到達し、そこから歴史性一般と人間の主体性との根本的関係を打ち立てようとするのではなく、逆に、主体の創設的活動に送り返すことのできないような出来事の数々を記述するとともに、通常統一性が想定されているところに不連続や差異を暴き出すこと。これが、フーコーの「考古学的」探究の任務であり、六〇年代の具体的研究のなかで実際に着手された企てに他ならない。そしてそうした分析によって諸々の科学が実際に検討に付されるとき、幾何学ないし数学の歴史は、一つの極めて特殊な例でしかないことが明らかになるだろう。つまり、実際には、あらゆる科学が数学と同様の連続性を示すわけではないということ、数学の歴史は決して一般化されうるものではないということだ。他の科学の歴史を考えるためのモデルとされるとき、数学はむしろ、歴史のすべての形態を等質化し、超越論的な分析の復権をもたらす危険を孕むものとして現れることになるだろう。幾何学ないし数学は、諸科学の実際の歴史の分析にとって範例的な価値を持つどころか、一つの「悪しき例」に他ならないのである[18]。

歴史的アプリオリ

一つの科学の連続性を歴史の主体としての人間へと送り返しつつ、そこから「理性の普遍的目的論」に到達しようと企てるフッサールにとって、問題は、外的な歴史から出発して内的な歴史に達すること、事実の歴史から出発して歴史の本質的で普遍的な構造に達することであった。事実の歴史によっては何事も本当の意味では理解可能とはならない、いかなる問題であれそれを理解へともたらすためには、あらゆる理解可能性の普遍的源泉としての「歴史的アプリオリ」に訴えなければならない、というわけだ[19]。

現象学者によって用いられたこの「歴史的アプリオリ」という用語を、フーコーは自らの研究のなかでとり上げ直すことになる。ただしそれはもちろん、「理性の普遍的目的論」に賛同するためなどではない。そうではなくて、それは、この用語の意味を逆転させることによってそうした目的論を根絶するためである。フーコーの言う「歴史的アプリオリ」は、歴史のあらゆる事実がそれに従わねばならぬような普遍的形象ではなく、「純粋に経験的な形象[20]」である。すなわちそれは、言説実践を特徴づける諸規則の総体として、それ自身歴史的に構成されたものであり、ある特定の時代の知の形成にとって一種のアプリオリとして機能するとはいえ、時間のなかで変形可能なものであるということだ。したがって「考古学」にとっての問題は、この「歴史的アプリオリ」についての批判的検討を行うことになるだろう。事実の歴史から、その普遍的構造としての「内的な歴史」へと向かおうとするのではなく、あくまでも具体的な言説的事実のレヴェルにとどまりながら、そうした事実を特徴づける可変的な諸規則を記述することが目指されるのである。

「意識の至上権」にとっての「特権的な避難所」とされていた連続的歴史。人間学的思考の「最後の場所」であり、主体にとっての安らぎの地であったその「古い砦」から決定的に立ち去りつつ、フーコーは、人間学的隷属から解放された歴史研究の道筋を示す。連続性や主体性が、普遍的な価値を持つものとして聖別される代わりに、それ自体、検討すべき問題として掲げられるのである。

3 言説と解釈

解釈の拒絶

次に、解釈の拒絶について見ていこう。繰り返し確認しておいたとおり、フーコーは自身の「考古学」の任務を、「語られたことを、それがまさしく語られた限りにおいて記述する」こととして定義する。語られたことはいかなる様式のもとで存在しているのか。語られたことにとって、それが実際に語られたということは、いったいどういうことなのか。こうした問いを掲げながらあくまでも「語られたこと」のレヴェルにとどまって探究を行うこと、それは、語られたことに対して、そこに何が隠されているのか、そのなかに秘められた語られざることとは何か、そこにはいかなる思考やイメージや幻想が潜んでいるのか、などとは決して問わないということである。そしてその限りにおいて、この分析方法は、隠された意味の探究としての解釈学的方法に対立することになる。実際、フーコー自身がそのことをはっきりと語っている。すなわち、「考古学」は何よりもまず「あらゆる解釈の外」にある、と。[21]

それでは、そうした解釈の拒絶の身振りが、いかなる点において、人間学的思考からの離脱のための努力として価値づけられうるのか。解釈学的探究と人間主体の特権化とのあいだに根本的な結びつきがあるのだとしたら、それはどのようなものだろうか。こうした問いに答えるための手がかりを得るために、ここでは、ポール・リクールによってなされた解釈をめぐる考察に注目してみたい。というのも、『解釈について』と題された彼の一九六五年の著作（邦題『フロイトを読む』）には、まさしく、人間学的テーマに明確なやり方で関連づけられたものとしての解釈をめぐる記述が見いだされるからであり、しかもその記述には、『知の考古学』に示されているものと真っ向から対立する主張が含まれているからだ。そこで以下、リクールが描き出している解釈がいかなるものであるのか、そしてフーコーの方法論的考察がそれに対してどのような反論を構成しているのか、検討していこう。

意識の拡張と再我有化

解釈するとはどういうことか、という問いを提出しつつ、リクールは、解釈の近代的状況を、意味の再興としての解釈と、懐疑の実践としての解釈という、二つのタイプの解釈のあいだの対立として描き出す。すなわち、一方には、意味に対する素朴な信仰を批判しつつ、より理に適った信仰、「解釈学者の第二の信仰」を得ることを目指す解釈があり[22]、そして他方には、意味の啓示を疑うのみならず、「意識をその総体において「虚偽」意識とみなす」解釈がある[23]、と。ただし、後者のタイプの解釈、ニーチェ、フロイト、マルクスによって創始されたものとされるその解釈は、意識そのものを懐疑に委ねているとはいえ、それが目指しているのは意識の破壊ではなく、「意識の拡張」なのだとリクールは言う[24]。つまり、懐疑の実践としての解釈が意識を問題化するものであるとしても、そうした問題化の後には常に、意識の拡張とその新たな基礎づけによって、ここにもやはり、少しだけより理に適ったものとしての新たな信仰が現れるということである。こうして、一見すると根本的に対立しているように思われる二つのタイプの解釈が、最終的には一つに合流することになる。それらは、「意味の起源を別の中心にずらそうとするという点において共通している」ということだ[25]。懐疑の実践としての解釈にせよ、意味の再興としての解釈にせよ、両者がともに目指しているのは、一つの中心を捨て去るとともに別の中心を再び打ち立てること、いったん手放したものをあらためて手元に取り戻すことなのである。そしてリクールは、このようなものとしての解釈学的作業を、「再我有化」の努力として規定された反省哲学と結びつける。反省とは、解釈と同様、何よりもまず、我々がいったん失ったものの回収を目指すものであるということ。反省において、「私は、私のものでなくなってしまったものを、私にとって「固有のもの」とする」ということだ[26]。こうして、私から切り離されてしまったものを私自身のものとするため、つまりは人間存在の本来的な主体性を立て直すために、意識化という終わりのない任務が必要とされるのである。

別の中心を見いだすための脱中心化。意識から逃れ去るものの意識による回収。リクールは解釈にこのような任務を割り当てているわけだが、これこそまさしく、一九六九年のフーコーの書物が、「考古学」が徹底して退けるべき任務として示しているものに他ならない。

稀少性の効果

一方において、フーコーは、「あらゆる脱中心化に抗して」主体の至上権を救い出そうとしてきた十九世紀以来の動き、すなわち、他ならぬマルクス、ニーチェ、フロイトによる脱中心化をまさしく歴史の連続性への訴えによって無効にしようとしてきた動きを告発するとともに[27]、自分の研究においては「いかなる中心にも特権を残しておかないような一つの脱中心化を行うこと」が問題であると言明する[28]。語られたことそのものの分析によって自分が目指すのは、隠された法則、覆われた起源、秘められた超越論的行為などを探り当てることではなく、唯一のシステムや絶対的な参照軸に送り返されることのないような散乱を描き出すことなのだ、と。

そして他方、フーコーにとって言説とは、「分析可能な諸規則と諸変換に従う複雑で差異化された一つの実践[29]」であり、人間主体が失いつつあるものを手元に回収するための契機ではない。私の言説のなかで私が生き延びるわけではないということ、私の言説によって私の死を追い払うことなどできないということ、そしてその私の言説そのものが、実際には私から絶えず逃れ去るものであるということを、彼は、自らの探究において全面的に受け入れるのだ。「考古学」は、語ることによって自分たちの生を引き延ばそうと望む人々から、そうした希望を容赦なく奪い去るのである。

いかなる新たな中心も打ち立てることのない脱中心化を行い、我々から逃れ去る言説の分散そのものを記述しようとするフーコーの分析は、このように、リクールによって描き出されたようなものとしての解釈の企てに真っ向から対立する。そしてそのような分析にとって、解釈は、言説を説明すべきものとしてではなく、逆に、言説の歴史的形成をめぐる探究によって説明されるべきものとして現れる。決してすべてが語られることはないという原理、すなわち、「ある一つの時代において使用することのできる文法や語彙の財宝から出発して、結局、比較的わずかのことが語られるにすぎない」という原理に依拠しつつ、フーコーは、解釈が、言説をめぐるそうした「稀少性」によってもたらされる効果であることを示そうとする。[30] つまり、語られたことの豊かさをテーマとするものとしての解釈は、実のところ、語られたことの貧しさに対して反応してそれを埋め合わせるため、語られたことの貧しさから出発しつつそれに逆らって語るための、一つのやり方なのだ、と。語られたことの稀少さないし貧しさそのものを明示的な対象とする分析によって、「解釈がありえたという事実」が説明されるということ。[31]「考古学」にとって、解釈は、使用すべき方法ではなく、歴史の連続性と同様、検討に付されるべき一つの問題なのである。

ところで、我々にとって本質的な何かが我々を逃れ去りつつあるという想定のもとにそれを取り戻そうと企てること、これは、すでに繰り返し確認してきたとおり、フーコー自身が五〇年代の研究において自らに引き受けていた任務、そしてその後六〇年代の歴史研究を通じて問題化しつつ捨て去ることになる任務に他ならない。社会において喪失したとされる人間の人間性を取り戻そうとすること。そしてとりわけ、覚醒した意識からは逃れ去るとされる夢の根源的な意味を読み解くための「解釈の方法」を練り上げようとすること。若きフーコーにおける人間学的探究への賛同がしるしづけられていたそうした企図を、一連の「考古学的」探究は、それが歴史的に構成された認識論的な構造に依拠するものであることを示しながら根本的に問いに付したのだった。見えるものと見えないものとの関係の変化、有限性の地位向上などといった出来事を明るみに出し、それらを綿密に分析することによって、フーコーは、かつて自身が引き受けていた喪失と回収の弁証法から、つまりは人間学的隷属を含意するものとしての解釈学的方法から身を引き離してきたのである。要するに、「あらゆる解釈の外」に自らを位置づける「考古学的」方法は、ここでも確かに、その方法を適用して行われた歴史研究の成果を自らの地盤としているのだ。

そして、『知の考古学』における解釈の拒絶の身振りを以上のようなやり方で読み解くとき、「考古学」を定義するためにこの著作が提示している一見謎めいた用語のうちのいくつかを、やはり六〇年代の歴史研究の成果に送り返しながら新たに照らし出すことが可能になる。

言表

まず、「考古学」が実際に分析すべき対象として示されている「言表」について。「語られたこと」そのもののレヴェルにかかわるもの、つまり、実際に発話されたり記述されたりした諸記号をその存在そのもののレヴェルにおいてとらえたものとして定義されるこの言表を、フーコーは、

「可視的でないと同時に、隠されてもいない」ものとして特徴づける。言表は隠されていない、というのも、それは、「実際に産出された諸記号の集合に固有の存在様態を特徴づけるもの」であり、隠された要素とも秘密の意味とも無縁のものだからである。[32]しかし言表は、直接に可視的であるわけでもない。というのも、それは、諸記号が与えられているという事実およびそれらが与えられるやり方を特徴づけるものとして、「あまりによく知られすぎているゆえに絶えず姿をくらますもの」であるからだ。[33]したがって、言表を分析しようとするなら、見えるものの背後に見えないものを探り出そうとする解釈とも、見えるものにとどまりながらそれを可能にする法則を探ろうとする形式化とも異なるやり方が必要となるだろう。「形式化しようとするのでも解釈しようとするのでもない一つの方法[34]」として「考古学」を打ち立てようという、こうした身振りのうちに、いったい何が含意されているのかということについては、『言葉と物』の記述を参照することでそれをある程度まで把握することができる。

一九六六年の著作のなかで十八世紀末の認識論的変動について語りながら、フーコーは、解釈と形式化が、我々の時代における主要な二つの分析形態になったと主張する。すなわち、表象空間の自律性の崩壊によって、言語がもはや思考に対して透明でなくなり、自らに固有の存在を獲得するという出来事とともに、そのようにして形成された共通の地盤の上に、解釈の方法と形式化の技術とが、互いに対立するものとして姿を現すということだ。「言語を、言語自身の下で、そして言語のうちで言語なしで語られているものに最も近いところで語らせる」と主張する解釈と、「語られうるすべての言語を掌握し、語りうるものにかかわる法則によって言語を張り出す」と主張する形式化は、一世紀以上前からの西洋の思考の「共通の場所」に基礎を置く「二つの相関的技術」であるということ。[35] したがって、『知の考古学』においてフーコーが、「可視的でないと同時に、隠されてもいない」ものとしての言表について語るとき、目指されているのは、そうした「共通の場所」から自由になり、新たなやり方で思考を始めることであると言えるだろう。一方において、解釈は、すでに詳述したとおり、人間学的テーマと密接な関係にあるという点において退けられる。そして他方、形式化の方はと言えば、それはとりわけ、構造主義の名のもとに束ねられた諸々の探究を特徴づけるものとして忌避される。確かに構造主義は、人間の意識にそのすべてが与えられていない規則によって人間の言語や人間の実践が制御されていることを示し、それによって主体の哲学に異論を唱えたという点において、「考古学的」探究と共鳴するものである。とはいえフーコーは、自身が構造主義者の一人とみなされることを徹底して拒む。彼が強調するのは、自らの探究が、構造主義に見いだされる言語学タイプの形式化とは全く異なっているということである。すなわち、自分が「考古学」という新たな歴史研究の方法を打ち立てようとしたのは、「言語体系《ラング》の領域においてテストされた諸々の概念や方法を、その領域を越えて使用するため」ではなく、「言語学的構造化の方法（あるいは解釈の方法）の傍らに、諸言表、諸言表の形成、言説に固有の諸々の規則性に関して、一つの種別的記述を確立しうるということ」を示すためだったのだ、と。[36] 見えているものに専心するのでもなく、見えないものを暴き出そうとするのでもなく、いわば「視線と態度のある種の転換」によって、常に人が見ていながら実際には見えていないものを見えるようにすること[37]。これこそが、言表の分析として定義された「考古学」の任務なのである。

幸福なポジティヴィスト

そして次に、「ポジティヴィスム」という語に与えられた新たな意味について。ある特定の科学的言説の統一性を、時間を貫き、個々のテクストの彼方で特徴づけるものを指し示すために「ポジティヴィテ」という語を用いながら、フーコーは、そのポジティヴィテの探究に専心する限りにおいて、自分は「幸福なポジティヴィスト」なのだと語っている[38]。ここで言われる「ポジティヴィスム」とはどのようなものなのか、一般に「実証主義」と訳される通常のポジティヴィスムとそれはどのように異なるのかということについては、ここでもやはり、一九六六年の書物が多くの示唆を与えてくれるだろう。

第四章で確認したとおり、『言葉と物』は、『臨床医学の誕生』における可視性の形態の変容をめぐる分析をとり上げ直しながら、「事物の暗い核」ないし「決して客体化できぬ客体」とともに出現する新たな形而上学的任務について語っていた。つまり、古典主義時代において表象空間をその住処としていた真理が、十八世紀末のエピステーメーの変換によって、表象の外へ、客体の厚みのなかへと退くとともに、そこから我々を絶えず呼び求め、越えがたい距離を越えようとする「終わりのない任務」を我々に課すことになるのだ、と。ところで、逃れ去るものの回収という任務の歴史的出自をそのように暴き出しながら、そうした任務の登場といわば相補的な関係にあるものとしてフーコーがとらえていたのが、実証主義の出現である。すなわち、実証主義とは、決して客体化できぬ根底があることを認めながらも、そこに到達しようという際限のない務めに身を捧げる代わりに、「実証的認識に与えられるものそのものの観察のみ」で満足しようとするものなのだ、と。(39) 見えるものが見えないものによって裏打ちされているという同一の想定から出発することによって、一方は見えないものの探索という作業に身を委ね、他方はそうした作業を断念して見えるものにとどまり続けるということ。ところで、そのように一見互いに対立しているように見える任務が、実は一つの「共通の場所」に依拠しつつ互いに補い合うものであるということ、これこそ、フーコーがポジティヴィテの探究によって明らかにしようとすることに他ならない。ポジティヴィテという語によってフーコーが指し示そうとするのは、表層と深層、可視と不可視、経験的と超越論的などといった対立の歴史的な可能性の条件のことであり、そうした対立を可能にする台座となるもの、つまりは「歴史的アプリオリ」の役割を果たすもののことなのだ。(40) したがって、彼が自分自身のことをポジティヴィストと呼ぶとき、それはもちろん、逃れ去るものの回収という形而上学的探究に対する譲歩としてのみ理解されるような「未発達のポジティヴィスム(41)」への賛同を意味してなどいない。『知の考古学』が提唱するポジティヴィスムとは、実証的探究に専心するものではなく、そうした探究をそれに対立するものとともに可能にした諸条件を明るみに出そうとするものである。ネガティヴなものの力を想定しながらそこからあえて目を背けようとするのではなく、そうした力がそもそもどのようにして歴史的に形成されたのかということを、「語られたこと」そのもののレヴェルにとどまりつつ示そうとすること。直接的に可視的なもので満足するのでもなく、不可視なるものを求める終わりのない作業に身を委ねるのでもなく、可視と不可視のそうした配分そのものを言表の分析によって明るみに出そうとすること。これが、「幸福なポジティヴィスト」としての「考古学者」が自らに与える任務なのである。(42)

歴史の連続性を復元しようとする代わりに、我々の現在を差異として際立たせること。解釈によって言説の背後に秘められたものを暴き出そうとする代わりに、「語られたこと」そのもののレヴェルにとどまる分析を試みること。人間学的思考に対する異議申し立てを含意するこうした二重の配慮は、六〇年代に自らの「考古学的」方法を粗削りなやり方によって適用した彼自身の歴史研究の成果によってもたらされたものであると同時に、そうした研究のうちに含意されていた離脱の努力を引き継ぎ、完結させるものである。一九六九年の書物は、確かに、六〇年代の具体的歴史研究の成果であると同時に仕上げであるということ。こうしてフーコーは、かつての自分自身が帰属していた思考の地平からの脱出のプロセスを、ここにひとまず閉じるのである。

第五章・注

(1) AS, p. 17〔三四—三五頁〕
(2) AS, p. 18〔三六頁〕
(3) AS, p. 18〔三六頁〕
(4) AS, pp. 1429-1430〔七—八頁〕
(5) AS, p. 116〔二〇六—二〇七頁〕
(6) AS, p. 140〔二四九—二五〇頁〕
(7) AS, p. 140〔二五〇頁〕
(8) AS, pp. 16-17〔三四頁〕
(9) C. Lévi-Strauss, *La Pensée sauvage*, Paris, Plon, 1962, p. 347〔『野生の思考』、大橋保夫訳、みすず書房、一九七六年、三一六頁〕
(10) AS, p. 14〔三〇頁〕
(11) AS, p. 14〔三〇頁〕
(12) E. Husserl, *Husserliana*, VI, The Hague, Martinus Nijhoff, 1954, p. 365〔『幾何学の起源』、田島節夫他約、青土社、二〇〇三年、二五八頁〕
(13) *Ibid.*
(14) *Ibid.*, p. 378〔二八七頁〕
(15) *Ibid.*, p. 386〔三〇五頁〕
(16) AS, p. 32〔六四頁〕

(17) AS, p. 32〔六四頁〕
(18) AS, p. 202〔三五五頁〕
(19) E. Husserl, *Husserliana*, VI, *op. cit.*, p. 381〔『幾何学の起源』、前掲書、二九四頁〕
(20) AS, p. 137〔二四四頁〕
(21) AS, p. 116〔二〇七頁〕
(22) P. Ricœur, *De l'interprétation. Essai sur Freud*, Paris, Seuil, 1965, pp. 36-37〔『フロイトを読む 解釈学試論』、久米博訳、新曜社、一九八二年、三二頁〕
(23) *Ibid.*, p. 41〔三八頁〕
(24) *Ibid.*, p. 43〔四〇頁〕
(25) *Ibid.*, pp. 61-62〔六三頁〕
(26) *Ibid.*, p. 52〔五二頁〕
(27) AS, pp. 14-15〔三〇―三一頁〕
(28) AS, p. 218〔三八五頁〕
(29) AS, p. 224〔三九五頁〕
(30) AS, pp. 126-127〔二二四―二二六頁〕
(31) AS, p. 128〔二二八頁〕
(32) AS, p. 116〔二〇六頁〕
(33) AS, p. 118〔二〇九―二一〇頁〕
(34) AS, p. 142〔二五五頁〕
(35) MC, pp. 1362-1363〔三一九―三二〇頁〕
(36) AS, p. 211〔三七三―三七四頁〕
(37) AS, p. 118〔二〇九頁〕渡辺守章著『哲学の舞台』（朝日出版社、一九七八年）に収められ、『ミシェル・フーコー思考集成』に再録された、日本での以下の発言も参照。「すでに久しい以前から、哲学の役割は、隠れているものを露呈させることではなく、見えるものを見えるようにすることである。つまり、あまりにも近くにあり、あまりにも直接的で、あまりにも我々と密接であるために我々が見落としてしまっているものを立ち現わさせることである」（DE II, pp. 540-541〔Ⅶ 一二七―一二八頁〕）。

(38) AS, p. 135〔二三九頁〕
(39) MC, p. 1303〔二六五頁〕
(40) AS, p. 136〔二四二頁〕
(41) AS, p. 214〔三七八頁〕
(42) フーコーの言う「ポジティヴィテ」および「ポジティヴィスム」に関しては、『言説の領界』にも以下のような記述がある。「（…）分析の系譜学的な部分は、言説の実際の形成の諸系列を対象とするものであり、言説を、その言明の力において把握しようと試みます。言明の力ということで私が言おうとしているのは、否定する力に対立するような力のことではなく、諸々の対象領域を構成し、それらに関する真ないし偽の命題を肯定ないし否定できるようにする力のことです。そうした対象領域のことを、ポジティヴィテと呼ぶことにしましょう。そして、再び言葉遊びをして次のように言うことにしましょう。すなわち、批判的スタイルが勤勉な無遠慮さ＝解き広げというスタイルであるとすれば、系譜学的気分は、幸福なポジティヴィスムという気分であろう、と」（OD, p. 255〔九〇頁〕）。

第六章

「魂」の系譜学

一九六〇年代のフーコーの「考古学」は、かつての彼自身が帰属していた思考の地平をその標的として定めていた。そこでは、五〇年代に彼が専心していた人間学的探究について、その歴史性が暴き出されるとともに、その理論的難点が告発されたのである。そしてそのようにして若き日の自分との離別を示してみせた後、フーコーの研究は、一九七〇年代に入ると新たな展開を見せることになる。すなわち、よく知られているとおり、権力というテーマが、彼の著作さらにはコレージュ・ド・フランスでの講義において前面に押し出されるようになるのである。

権力というこのテーマは、いったいどのようにしてフーコーの研究のなかに姿を現すのか。刑罰制度やセクシュアリティといった領域を扱う権力分析は、知の歴史的生成に照準を定めてきたそれまでの言説分析とどのような関係にあるのか。こうした問いに答えるために、この章ではまず、七〇年代初頭から七五年の『監獄の誕生』に至るまでのフーコーの研究に関して、以下の順序で考察を進めていきたい。最初に、フーコーにおいて権力の問題系がどのようにして浮上するのかということを、主にコレージュ・ド・フランス開講講義『言説の領界』に問いかけながら検討する。次に、『監獄の誕生』に関して、そこで提示されている処罰形式の変化をめぐる探究を辿り直しつつ、フーコーによる権力分析を特徴づけるものとは何か、そしてその分析は六〇年代の「考古学的」研究といかなるやり方で関係づけられうるのかについて考察を行う。

1　言説と権力

言説の力

一九七〇年より、フーコーは、フランスにおける研究教育機関の最高峰にも位置づけられるコレージュ・ド・フランスにて教鞭を執ることになる。七〇年代の彼の権力分析を跡づけるにあたってまず注目すべきは、そのコレージュでの開講講義の記録『言説の領界』である。というのも、一九七一年に単独で出版され、プレイヤード版著作集にも収められているこの小著は、一九六九年の『知の考古学』に示されていた自らの言説分析の方法に関する考察をとり上げ直す一方で、他方においては、いまだ不明瞭かつ控えめなやり方ではあるにせよ、フーコーにおける権力というテーマの浮上をしるしづけているからだ。すなわち、この書物に問いかけることで、六〇年代の知の軸から七〇年代の権力の軸へと至る道筋を辿り直すための重要な手がかりが得られるように思われるのである。

『言説の領界』がその冒頭部においてまず指摘するのは、言説を前にしたときに我々が抱く不安である。すなわち、言説は、その物質性やその偶然性、それが孕む危険などによって、我々を困惑させ、我々に対して語り始めることを躊躇させるのだ、と。言説は、我々にとって大きな脅威となりうるものであるということ。そしてまさにそれゆえに、言説はそれ自体、欲望の対象とされたり、闘いの賭金とされたりすることにもなる。つまり言説は、闘いや支配についてただ単にその外側から物語るものではなく、その目的および手段でもあるということ、「奪取が目指される力＝権力（pouvoir）でもある」ということだ[1]。ところで、言説ないし言表がその種の力＝権力をそのうちに孕むものであるということ、これは実は、『知の考古学』においてフーコーが、言説を一つの「財」として特徴づけつつすでに語っていたことである。すなわち、言説とは、有用なもの、欲望をそそるもの、「闘争の対象」となるものであり、その意味において言説は「力＝権力の問題」を提起するのだ、と[2]。

とはいえ、一九七〇年の開講講義は、言説が孕む力や欲望に関する『知の考古学』の記述をただ単にとり上げ直しているだけではない。言説が我々のうちに恐れや不安を生じさせるものであることを指摘しつつ、そこから出発して、『言説の領界』は一つの仮説を提出する。その仮説とは、あらゆる社会には言説が生じさせる不安ないし恐れを払いのけることをその役割とするようないくつかの手続きがある、というものである。言説を無際限の増殖や自由な交換に委ねている社会などないということ。言説に拘束力を及ぼし言説を稀少化するようなシステムが、至る所に存在しているということだ。こうした仮説にもとづき、フーコーは、言説を管理するためのいくつかの手続き、すなわち、言説を排除したり、制限したり、占有したりするためのいくつかの手続きが、西洋社会において実際に作動していることを示そうとする。真偽の区別、作者の指定、教育システムなどが、言説の自由な展開を制御する役割を果たすものとして見いだされるということ。要するに、言説そのものが孕む力＝権力に対抗するものとして、言説の産出や流通に介入する権力、言説を排除したり制限したり占有したりするためにはたらく権力が、ここに問題として浮上しているのである。

逆転の原則

そしてそのようなものとしての言説管理の手続きが問題となるとき、フーコーによって繰り返し強調されるのが、そうした手続きのネガティヴな性格である。言説に対する恐れを消し去ろうとして作用する「拘束システム」を分析すべく、フーコーが掲げる第一の原則とは、実際、以下のようなものである。

言説の源泉、言説の繁殖と連続性の原理が認められると伝統的に信じられている場所に、つまり、作者、研究分野、真理への意志のようなポジティヴな役割を果たしているように見える形象のなかに、言説の切り分けおよび稀少化というネガティヴな作用を認める必要がある。(3)

言説の創造のための資源とみなされてきたものを、制限や拘束の機能を果たすものとしてとらえ直そうという、この「逆転の原則」にまず含意されているのは、一九六九年の著作においてそうであったのと同様、人間学的思考に対する異議申し立てである。つまり、ここで何より忌避されているのは、言説を扱う際にもっぱらその源泉や連続性を探し求めようとする姿勢、言説の手前もしくはその背後に語る主体の至上権を打ち立て直そうとする姿勢であるということだ。言説を無際限な豊かさに送り返す代わりに、その「稀少性」、その「切り刻まれ欠落の多い形態[4]」そのものを真剣にとらえるべきであるということが、ここであらためて強調されているのである。

権力のポジティヴな効果

そしてこの原則は、『知の考古学』に見いだされる記述をそのように忠実に引き受け直しているー方で、新たに、「切り分け」や「稀少化」といった、言説に対して及ぼされる作用を問題としてもいる。つまり、「結局ほんのわずかのことしか語られえないという事実[5]」が考慮に入れられるだけではなく、そうした事実を生じさせるものとしての、言説にはたらく拘束力が問題となっているということだ。フーコーにおける権力のテーマの浮上がここにしるしづけられているということだが、しかしその反面、この原則には、七〇年代に展開される彼の権力分析とは根本的に異質なものが含まれている。というのも、後の彼の研究は、とりわけ、権力のポジティヴな諸効果に光を当てようとするものとなるからだ。実際、一九七五年の『監獄の誕生』は、刑罰という、通常そのネガティヴな側面が強調される制度的メカニズムを、「その「抑圧的」諸効果のみ、その「制裁」の側面のみを中心として研究するのでなく、一見すると周縁的なものであるにせよそれが引き起こすことのできるポジティヴな諸効果の系列全体のなかに置き直す」ことを目指すことになる。[6] そして一九七六年の『知への意志』に至っては、性の言説の産出を権力の作用による効果としてとらえながら、『言説の領界』に見いだされたものと完全に逆向きの以下の言明を提示することになるのだ。

したがって問題は（…）分析の方向を逆転させることなのだ。一般的に認められている抑圧から出発したり、また、我々が知っていると想定するものにもとづいて測られた無知から出発したりするのではなく、知を産出し、言説を増加させ、快楽を誘導し、権力を発生させるポジティヴなメカニズムから出発しなければならない。そして、これらのメカニズムがどのような条件において出現し、機能するのかを辿り、これらのメカニズムとの関係のもとで、それらに結びついた禁止や隠蔽の事実がどのように分配されるのかを探究しなければならない。[7]

『言説の領界』においては、言説の増殖をもたらすポジティヴなシステムの背後に、言説を抑制するネガティヴな作用を探知する必要性が強調されていた。これに対し、一九七六年の書物が述べているのは、抑圧、禁止、隠蔽といったネガティヴな作用に対し、知や言説の産出というポジティヴなメカニズムを優先しなければならないということである。開講講義で「逆転の原則」が提示されたその六年後に、さらなる「逆転」が要請されているのだ。したがって、ここから次のことが言えるだろう。開講講義においては確かに、言説の産出や流通と切り離すことのできない権力の作用のような何かが問題として浮上してはいる。しかしそこで扱われているのは、もっぱら排除や制限といったネガティヴな作用を及ぼすものとしてとらえられた権力であり、生産的権力という考え方、七〇年代に展開されるフーコーの権力分析の核心にある考え方からは、いまだ遠く隔たったままである、と。

七〇年代初頭のフーコーが、権力をもっぱら抑圧的なものとして扱っていたということ。実はこれは、後にフーコー自身が、自らの仕事を振り返りながらはっきりと認めていることである。コレージュ・ド・フランスにおける一九七五―一九七六年度講義『社会は防衛しなければならない』の初回講義において、フーコーは、それまでの数年にわたる自らの研究が、闘争と抑圧から成る図式に従って行われてきたということ、そして次第にその図式が再考を迫られるようになったということを語っている(8)。また、「身体をつらぬく権力」と題された一九七七年の対談では、『言説の領界』の記述そのものについて、自分がそこでは権力についての伝統的な考え方を受け入れていたこと、そしてそれによって権力を、言説に対してもっぱらネガティヴな作用のみを及ぼすものとみなしてしまっていたことに言及しつつ、もはやそうした権力のとらえ方はいっさい放棄したい、と述べている(9)。それでは、いったいどのようにしてフーコーの探究は、言説に制限を加える拘束力から、言説や知を産出するようなものとしての権力へと向かうことになるのか。そしてそのようにして見いだされた権力の「ポジティヴなメカニズム」を、彼はどのようなやり方で分析することになるのか。

2 身体刑から監獄へ

刑罰と権力

一九七〇年代前半のフーコーは、同時代の刑務所問題への大きな関心のもとに、「刑務所情報グループ（ＧＩＰ）」と呼ばれる組織を主宰し、そこで精力的に活動する。そしてその一方で、西洋における刑罰制度の歴史を自らの研究テーマとして選び、これが、一九七二年以来数年間、コレージュ・ド・フランスでの講義において扱われることになる。まさしくその一連の研究を進めるなかで、フーコーは、抑圧や排除といったネガティヴな作用から、権力によってもたらされるポジティヴな効果へと、その視線を転じることになる。処罰形式をめぐる歴史的探究の進展とともに、権力の生産的な側面を扱う必要性が明らかになっていくということだ。では、刑罰制度のうちに見いだされることになる権力のポジティヴなメカニズムとは、いったいどのようなものなのか。そしてそうしたメカニズムを分析することで、フーコーの探究はいかなる方向へと導かれることになるのか。こうした問いを掲げつつ、刑罰制度研究の成果として一九七五年に発表された『監獄の誕生』に目を向けてみよう。

『監獄の誕生』が明らかにしようとするのは、身体刑から監獄へという処罰形式の変化が、十八世紀末の西洋においてどのようにして起こったのかということである。公衆の面前で身体に苦痛を与える刑罰から、個人を閉じ込めつつ矯正することを目指すシステムへという、この移行については、もっぱら、文明の勝利や人間性の進歩などといった観点からの説明がなされてきた。つまり、無駄な残虐さを誇示していた野蛮で非人間的な刑罰に、生命や人権を尊重する合理的で穏やかな刑罰が取って代わったのだ、と。これに対しフーコーは、刑罰制度の変化を全く別のやり方で説明しようとする。すなわち彼は、処罰形式のそうした転換を、権力のメカニズムの歴史的変容にもとづくものとして解明しようとするのである。

君主権的権力から規律権力へ

フーコーによれば、かつて人々の目の前で犯罪者の身体に加えられていた過剰なまでの暴力は、実は、単なる野蛮さのしるしではなく、ある種の形態の権力のもとで明確な意味を持つものであったという。その権力とはすなわち、君主と臣下、主人と家臣などのあいだの非対称的な力関係において作用する権力であり、自らの力を儀礼的なやり方で見せつけることによってそうした主従関係を定期的に確認し強化する権力である。フーコーが「君主権的」と呼ぶその権力形態において、法とは君主の命令に他ならず、その限りにおいて犯罪とは君主に対する反逆であった。したがって、そうしたものとしての犯罪に対する処罰は、何より、君主による反逆者への報復を意味していた。そしてその際、犯罪者に対し、王自身が被った損害よりもはるかに大きな損害を公の場において与えること、これは、王の圧倒的な力を人々に思い出させるという効果を生じさせるものであった。要するに、君主権的な権力のメカニズムにとって、身体刑とは、臣下と君主とのあいだの「力の不均衡を最大限に浮かび上がらせること」によって、「しばし傷つけられた君主権を再興するための儀式」だったのである。[10]

以上のような君主権的権力に対し、十七世紀から十八世紀にかけて、それとは全く異なるタイプの権力が発達し、西洋社会のなかで大きな広がりを獲得することになるとフーコーは言う。「規律的（disciplinaire）」と呼ばれるその権力は、「個々人の身体に明確なやり方ではたらきかけることによって、個々人を従順かつ有用にする」ことを目指す。[11] この権力は、自らの過剰な力を誇示する代わりに、すべての人々を一様に監視し管理しようとするものである。つまりそれは、非対称的な力関係を人々に見させることで自らを維持し強化しようとする権力ではなく、一人ひとりに対して連続的で注意深い視線を注ぎつつはたらきかけることによって人々を「躾ける（discipliner）」ことを目指す権力なのだ。この規律権力が社会全体を覆うようになり、学校、軍隊、工場などといったさまざまな場所において有用かつ従順な個人を作り上げるためのさまざまな技術が練り上げられていく、そんななかで、監獄への閉じ込めが、処罰のための自明な手段として急速に広がることになる。

監獄とは何であろうか。監獄、それはもちろん、自由の剝奪という刑が科される場所である。しかしそれと同時に監獄とは、個人一人ひとりを、連続的なやり方で管理、監視して作り変えることを目指すための施設でもあり、そうした「追加分」としての矯正機能がそもそもの最初から監獄に備わっていたことをフーコーは強調する。つまり、監獄とはまさしく、絶えざる躾けが行われる場所であるということ、規律権力を担うさまざまな施設のうちの一つに数え入れられるものであるということだ。監獄は、「閉じ込め、矯正、従順化を行うことで、社会体に見いだされるメカニズムのすべてを、少々強化しながらも再生産しているにすぎない」ということ。[12] 個人を変容させるためのテクノロジーのうちの一つである監獄は、こうして、多少とも厳格かつ不寛容な兵舎、学校、職場のようなものとして、即座に社会に定着することになったのである。

権力と知

二つの処罰形式、そしてそれらに対応する二つの権力形態に関するフーコーの分析は、おおよそ以上のとおりである。ここに明らかに見て取れること、それは、彼の分析が確かに、禁止や抑圧ではなく、戦略や技術といった権力のポジティヴな作用に重点を置いているということだ。過剰なまでの暴力や見かけの野蛮さが、権力の維持と強化という積極的な政治的意味を担うものであるということ。閉じ込めによる身体の拘束が、従順かつ有用な個人を作り上げるための技術によって裏打ちされているということ。そしてなかでもとりわけ、フーコーが権力の生産的機能を強調するのは、知の客体としての個人の出現を、規律権力によってもたらされた効果として語るときである。規律は個人を「製造する」ということ。[13] すでに見てきたとおり、君主権的権力においては、支配する側の個人性のみが自らの可視性を誇示していた。そこでは、圧倒的な威光に満ちた君主の個人性こそが、そしてそれだけが、万人によって見られるべきものとされていたのである。これに対し、規律権力の登場によって、「個人化の政治的軸の反転」[14]と呼びうるような事態が生じる。つまり、従順かつ有用な個人を作り上げることが問題となるとともに、権力関係の上方ではなく下方に位置する人々こそが、絶え間のない視線を注ぐべき対象になるということだ。そうした人々の一人ひとりが、観察や分類、記録や検査に委ねられて「個人化」されるということであり、こうして、躾けるべき個人が、同時に、知るべき客体として構成されるのである。

権力は知の客体を生み出すということ。端的に言うなら、権力は知を生み出すということ。これはおそらく、フーコーのテーゼのなかでも最もよく知られているものの一つであろう。処罰形式の歴史的変化を分析するにあたり、権力を、支配階級が所有する特権としてではなく、戦略的な諸関係およびその効果として分析すべきであることを強調しつつ、フーコーは実際、権力と知とのあいだの関係についてもやはり伝統的な考え方から自由になる必要があると主張している。つまり、権力が留保される場合にのみ知は存在しうる、あるいは、知は禁止や利害から離れる場合にのみ発展しうる、などといった、西洋を古くから支配してきた先入見を捨てて、「権力はなにがしかの知を生み出す」ということを承認しなければならないのだ、と。[15]

ところで、実はこれは、知と権力との関係をめぐるフーコーのテーゼの前半部分にすぎない。権力による知の産出について語ったその直後に、それに加えて彼が主張するのは、「権力と知は互いに直接含み合うということ、知の領野の相関的な構成を伴わないような権力関係は存在しないし、権力関係を同時に想定し構成しないような知は存在しないということ」である[16]。権力が知を生み出す、その一方で、知の方もまた権力に対して作用を及ぼすということ。「知の形成と権力の増強が循環的プロセスに従って規則的に強化し合う」ということだ[17]。したがってここから次の問いが導かれる。すなわち、知の領野ないし知の客体が権力によって構成されるとして、ではその知の方が権力を呼び求め、それを強化するとしたら、それはいったいどのようなやり方によるのか。この問いに答えるための手がかりを与えてくれるのが、「非行者」をめぐるフーコーの分析である。というのも、彼はこの非行者を、監獄において特殊な知の客体として産出された者であると同時に、権力による介入のための特権的な道具となる者として描き出しているからだ。非行者とはどのような人物なのか。非行者に関する知は、監獄のような刑罰のメカニズムのなかでどのようにして産出されるのか。そしてその知が、どのようにして権力の介入を新たに呼び寄せることになるのか。こうした問いに答えることによって、知と権力との包含関係に関するフーコーの主張に十全な意味を与えるとともに、その射程を見極めることが可能になるであろう。

3　身体の監獄としての魂

非行者の産出

まず、非行者とは何者なのか、そしてそれが監獄によって生み出されるとはどういうことなのかについて。自由の剝奪に加えて個人の矯正という追加的機能を果たすものとしての監獄とは、フーコーによれば、「受刑者に関する臨床的な知が形成される場」である。[18] つまりそれは、個人を作り変えるために必要な知が、一人ひとりの監視および観察によって不断に採取され、蓄積されていく場であるということだ。ところで、「法律違反によって必要とされる刑罰を、被拘禁者の変容という社会にとって有用な措置とする[19]」ために要請されるこうした知の形成のなかで、知の客体のレヴェルにおいて一つの置換が起こることになるとフーコーは言う。以後、問われるのは、ある一人の個人が実際に違法行為を犯した当の人物であるか否かということではなく、その個人がどのような人物であるのか、どのような生を送ってきたのか、どのような本能や衝動を持っているのか、などということである。すなわち、一人の個人について、犯した行為そのものの代わりに、その異常性、逸脱、危険、病など、「少なくとも最初は判決のなかで考慮されていなかったような諸々の変数」が、今や問題とされるようになるということだ。[20] そしてそこから、そうした「諸々の変数」によって規定される特殊な個人性、いわば「犯罪者とその犯罪との類縁関係」を打ち立て、「犯罪以前に、また極限においては犯罪の外に、「犯罪者」を存在させること」を可能にするような個人性が、新たな知の客体として出現することになる。[21] そうした個人性のことを、フーコーは「非行性」と呼ぶ。そして非行者とは、その非行性を、自らの魂のようなものとして所持する者のことなのである。

刑事司法の相関物は、確かに、法律違反者であろう。しかし、行刑機構の相関物は、それとは別の者である。すなわちそれは、個人史の単位、「危険性」の核、一つのタイプの異常性の代表としての、非行者なのだ。そしてもし、法によって規定された自由の剝奪のための拘禁に、監獄が、行刑的なものという「追加分」をつけ加えたというのが本当であるとしたら、今度はこの「追加分」によって、余分な人物が導入され、法律によって有罪とされる者とその法律を執行する者とのあいだに滑り込まされることになった。身体刑を受ける者の、烙印を押され、切り刻まれ、焼かれ、無に帰せられた身体が消え去ってしまった、その場所に、監獄に閉じ込められた者の身体が、「非行者」の個人性によって、犯罪者のささやかな魂によって裏打ちされて出現したのだ。処罰権力の適用地点として、そして今日なお行刑学と呼ばれるものの対象として処罰機構そのものが作り出した個人性や魂によって裏打ちされて。監獄が非行者を作り出す、と言われる。確かに、監獄がほとんど不可避的にそこに収容された者を法廷に連れ戻すというのは事実である。しかし監獄は、もう一つ別の意味においても非行者を作り出す。すなわち、監獄は、法律と法律違反、裁判官と法律違反者、受刑者と死刑執行人とのあいだの相互作用のなかに、それらを互いに結びつけそれらすべてを一世紀半のあいだ同じ罠にかけている非行性という非身体的な現実を導入した、という意味においても、非行者を作り出すのである。(22)

個人の矯正を目指す「行刑機構」としての監獄によって、「犯罪者のささやかな魂」としての非行性、犯罪者の身体を裏打ちする「非身体的な現実」としての非行性が産出されるということ。このようにフーコーは、非行性および非行者という新たな知の客体の出現を、個人の変容を目指す権力のテクノロジーによってもたらされた効果として描き出す。そしてそれに加えてここで語られているのは、そのようにして出現した非行性が、「行刑機構の相関物」であり、「処罰権力の適用地点」であるということである。つまり、処罰権力によって作り出されたこの「個人性」は、同時に、その権力にとっての標的ないし介入地点としての役割を果たすものでもあるということだ。では、非行性および非行者は、それを産出した権力をどのようなやり方で呼び寄せるのだろうか。そしてその際に生じる権力の作用ないし介入とはいかなるものであろうか。こうした問いに対し、ほとんど直接的なやり方で答えてくれているのが、監獄の「成功」に関するフーコーの記述である。

監獄の成功

なるほど、個人を作り変えるという目的そのものに関して言えば、監獄は常に「失敗」を運命づけられているようにも見える。監獄は結局、犯罪率を減少させることもできなければ、再犯を防止することもできず、要するに、犯罪者を作り変えることなどほとんどできてはいない。しかしフーコーによれば、監獄および処罰一般が目標としているのは、実は、個人を実際に更生させそれによって違法行為を消滅させることよりもむしろ、「違法行為を管理し、許容範囲を粗描し、ある人々にはある程度の自由を与える一方で他の人々には圧力をかけ、一部の人々を排除する一方で他の人々を有用なものとし、ある者たちを無力化する一方で他の者たちからは利益を引き出す」ことであるという[23]。つまり、違法行為およびそれを犯した人々を種別化し、それぞれに対して最適なやり方で介入すること、そしてそれによってより円滑かつ効果的な管理および運営を行うことこそが目指されているということだ。そしてそうした目標を達成するために極めて重要な役割を果たしてくれるのが、まさしく、異常性や危険性などといった変数によって規定されるものとしての非行性である。実際、そうした特殊な個人性によって個々人を識別し分類することができるとしたら、それによって、誰を排除し誰を自由にすればよいか、誰が有用で誰が無用であるか、誰が無害で誰が危険であるかを決定するための支えが得られることにもなるだろう。監獄は確かに、その矯正施設としての役割を十分に果たしていないという点において「失敗」している。しかしそれにもかかわらず、監獄が依然として廃止されることもなく存続しているのは、非行性を産出してそれを処罰権力の一般的戦術のなかに配置したことが、監獄のこの上ない「成功」を表しているからに他ならない。違法行為とそれを犯す人々を、包囲したり、種別化したり、管理したり、利用したりすることを目指す権力にとって、「犯罪者のささやかな魂」としての非行性と、それに繋ぎ止められた者としての非行者は、極めて効果的な道具として機能しているのである。

一方では、刑罰システムが個人のうちに非行性という知の客体を産出し、他方では、そのようにして出現した非行性が、今度は個人をそのシステムによりよく従属させるために役立つということ。より一般的に言うなら、「客体化のあらゆるメカニズムが従属化の道具としての価値を持ち、権力のあらゆる増大が何らかの認識を生じさせる」ということだ[24]。知と権力が含みあい、それらが互いに増強し合う、とは、したがって、「客体化」と「従属化」のあいだのこうした二重の関係のことを言うものに他ならない。

従属化の作用

ところで、ここで注目したいのが、「客体化」と対をなすものとして使用されている「従属化」という語である。というのも、『監獄の誕生』においてはいまだ概念的に練り上げられないまま使用されているとはいえ、この語は、フーコーの権力分析の核心に何があるのかを示唆してくれるものであるからだ。すなわち、この語ないしこの概念に問いかけることで、彼の権力分析の射程はいかなるものであるのか、そしてさらに、それが六〇年代の「考古学的」探究とどのように関係づけられうるのかということが明らかになるように思われるのである。

次章であらためて検討するとおり、「従属化（assujettissement）」という語は、後のフーコーによって、そこに含まれる《sujet》という単語が持つ二つの意味において理解すべきものとして提示されることになる。すなわち、個人を「臣下（sujet）」として他者に従属させると同時に、個人を「主体（sujet）」としてその自己同一性に従属させるという、二重の意味で用いられるということだ。『監獄の誕生』においては、確かに、この語に関してそうした明確な意味づけはなされておらず、概ね支配関係において従属ないし服従を課す一般的作用を指し示すために使用されている。しかしながら、一九七五年の著作においてもやはり、個人を一つの個人性に繋ぎ止めるというかたちでの従属化ないし主体化の作用が考慮に入れられているということ、これは、非行者および非行性をめぐるこれまでの考察ですでに明らかであろう。実際、非行者とは、非行性という一つの魂ないし一つの特殊な個人性に縛りつけられた個人のことに他ならない。非行性という知の客体が、権力の介入を呼び求め、個人を識別したり分類したりするための道具として役立つとしたら、それは、その非行性が個人のなかに組み込まれ、それによって個人が自分自身のうちに閉じ込められるからなのだ。このように、処罰権力に関するフーコーの分析において、自己の自己に対する従属化は、いわば、知と権力との相関関係を成立させるための条件のようなものとみなされているのである。

そして実は、そのように一人の主体を構成するものとしての従属化の作用こそ、刑罰制度をめぐるフーコーの探究の標的そのものとして価値づけることのできるものである。というのも、『監獄の誕生』第一部第一章において、彼はまさしく、処罰権力のメカニズムのなかで産出された「魂」によって個人が従属化されるプロセスに言及しつつ、そうした魂に関する系譜学的研究を、この書物の目的として提示しているからだ。

『監獄の誕生』においてフーコーが最初に魂について語るのは、身体刑から監獄への移行の際の、刑罰の目標の変更が問題になるときである。処罰は身体よりもむしろ魂に加えられるべしという、ガブリエル・ボノ・ド・マブリによって十八世紀に提出された原則に言及しつつ、フーコーは、そうした標的の移動が実際に起こったということ、そしてそれが、司法制度に以下の三つの帰結をもたらしたということを示そうとする。

まず、裁判において、犯罪者の行為以外のものが裁かれるようになるということ。たとえば、情状酌量という措置が含意しているのは、どのような行為が犯されたのかということによってではなく、違法行為を犯した者がどのような人物であるかということによって、判決そのものが決定される可能性である。つまり、行為ばかりでなく、その行為を犯した者の情念、その本能、その生活、その遺伝的影響など、行為の背後にあって行為を説明するとされるものが裁かれるようになるということだ。次に、裁判官が裁判以外のことを行うようになるということ。すなわち、犯罪の事実を立証し、誰が犯人なのかを特定し、その犯人に対して法の定める処罰を適用するという、中世以来の裁判の役割に加えて、犯罪がなぜ起こったのかを解明し、犯罪者がどのような人物であるかを説明し、その犯罪者をどのようにして矯正すればよいかを決定するという、新たな任務が現れるということである。そして最後に、裁判官以外の者が裁判を行うようになるということ。精神鑑定医は、責任能力の判定という本来の任務に加え、被疑者が危険であるか、処罰可能であるか、矯正可能であるかという問いに答えることによって、処罰の決定に参与する。また、行刑施設の官吏は、矯正プログラムのなかで受刑者に生じた変化に応じて、裁判官の決定した処罰を途中で変更する権利を持つ。これはつまり、裁く権力の一部が、裁判所とは別の審級に委ねられるようになるということである。

以上の三つの帰結において問題になっているのが、「犯罪者のささやかな魂」であるということ、すなわち、刑罰制度に関するフーコーの分析によって非行者の非行性として描き出されるものであるということは、すでに明らかであろう。犯罪者の行為ばかりでなくその魂が裁かれるようになるということ。裁判において犯罪者がどのような魂を持つ人物であるかを示すことが必要になるということ。魂の専門家たちが処罰の決定に参与するようになるということ。司法制度において確かに魂が標的とされるようになるということをこのように確認した後、フーコーは、「近代の魂と新たな裁判権力との相関的歴史[25]」についての研究を、『監獄の誕生』の目標そのものとして設定することになる。処罰の新たな適用地点としての魂の出現が、探究の中心に据えられるということ。刑罰制度に関する歴史的探究は、「近代の「魂」の系譜学、もしくは、そうした系譜学の一部分であるということになろう[26]」、というわけだ。そしてそうした系譜学的研究に実際に着手するにあたり、フーコーは、あらかじめその魂について、それが処罰権力のはたらきによって「身体の周囲、その表面、その内部」に産出されたものであることを指摘しつつ[27]、次のように語るのである。

（…）この現実的で非身体的な魂は、実体では全くない。それは、あるタイプの権力の諸効果と一つの知への準拠とがそこで連接する境域であり、それによって権力の諸関係が何らかの知をもたらし、知が権力の諸効果を継続させ強化するような、歯車装置である。この現実―準拠の上に、多様な概念が打ち立てられ、諸々の分析領域が切り取られた。それがすなわち、プシケ、主体性、人格、意識などといったものである。この現実―準拠の上に、科学技術と科学的言説が築き上げられ、この現実―準拠から出発して、人間主義の道徳的要求が価値づけられたのである。しかし誤ってはならない。だからといって、神学者たちの錯覚としての魂に代わって、現実的人間が、知の対象、哲学的反省の対象、ないし技術的介入の対象としてもたらされたのではない。人が我々にそれについて語るところの人間、人がその解放を促すものとしての人間は、それ自身がすでに、自らよりもいっそう深層における従属化の効果である。一つの「魂」が人間に住み着き、人間を存在へともたらすわけだが、その魂はそれ自身、権力が身体に行使する支配のなかの一つの部品なのである。魂、それは、一つの政治解剖学の効果であると同時に道具である。魂、それは、身体の監獄なのだ。[28]

魂とは、権力と知との相関関係を作動させる「歯車装置」であるということ。その魂を準拠として初めて、「人間」が可能になるということ。そしてその限りにおいて、そのように魂に住み着かれた者としての人間は、身体にはたらきかける権力による「従属化の効果」としてとらえられねばならないということ。要するにここでは、個人をその個人性に繋ぎ止める作用が、権力のメカニズムの核心部分に標定されているのだ。魂が「身体の監獄」である、とは、個人の身体が、支配のための「一つの部品」としての魂に縛りつけられ、いわばそこに閉じ込められるということである。そうしたものとしての魂について系譜学的研究を行うこと、それは、したがって、身体と魂をめぐる従属化のメカニズムを歴史的分析に委ねることに他ならない。個人がその自己同一性ないしその真理に従属させられることによる主体の構成についての考察が、このように、『監獄の誕生』の冒頭部において、処罰権力の探究が目指すべき方向として明示されているのである。

そしてそればかりではない。「人間」を従属化の効果として語るフーコーの言葉は、彼の六〇年代の探究と権力分析とがどのように連接されうるのかということに関しても、重要な手がかりを与えてくれる。

権力と人間諸科学

フーコーを援用しつつ身体をめぐる自身の考察を深めていったジュディス・バトラーの慧眼は、『監獄の誕生』における魂および従属化に関する記述に注目しつつ、それがただ単に監獄に閉じ込められた者の個人性にのみかかわるものではないことを看破している。すなわち、「もし言説が、自己同一性の産出を、個人を完全に侵略し全体化して個人に一貫性を与えるような統制的原理を供給し、強化することによって行うのだとするならば、そのとき、すべての「自己同一性」は、それが全体化を行う限りにおいて、まさしくあの「身体を閉じ込める魂」として機能するように思われる」、と。[29]

魂および従属化に関するフーコーの記述が、処罰権力のみならず、個人をその自己同一性に繋ぎ止める権力一般にかかわるものであるということについては、ここであらためて検討するには及ぶまい。刑罰制度の歴史に関する研究が魂の系譜学の「一部分」とみなされていること、そして、従属化という概念が後にとり上げ直され、練り上げられることについては、すでに指摘したとおりである。ここでバトラーの言明を踏まえつつ強調しておきたいこと、それは、魂の産出とその作用に関するフーコーの分析が、権力に関する探究一般のみならず、彼の以前の研究にも送り返されうるということである。というのも、身体が魂に囚われとなることによって出現するものとしてここで語られている「人間」、すなわち、「プシケ、主体性、人格、意識」などといった概念とともにある種の「科学的言説」の対象として出現する「人間」とは、まさしく、「考古学的」探究が、十八世紀末の認識論的変換によって登場したものとして描き出していたあの「人間」に他ならないからだ。

前章までに見てきたとおり、六〇年代の言説分析の全体において、そしてとりわけ六六年の『言葉と物』において問われていたのは、人間がどのようにして、至上の主体であると同時に特権的な客体として西洋の認識論的布置のなかに登場したのかということであった。真理が、人間から逃れ去るとともに人間を常に呼び求めるものとなるのはどのようにしてなのか。そしてそうした真理の構造がいわば主体のうちに滑り込まされ、人間の真理が真理の真理のようなものとして価値づけられて、「人間とは何か」という問いに比類のない特権が与えられるようになるのはどのようにしてなのか。要するに、歴史のなかで人間主体と真理とのあいだにどのような関係が結ばれたのか、そしてそこから人間をめぐるどのような探究がなされるようになったのかということが、「考古学」にとっての問題であったということだ。狂気や病、生命や言語や労働をめぐる研究のなかで提出されていたこの問題を、一九七五年の書物は、刑罰制度に関する考察のなかであらためてとり上げ直す。人間が自らに固有の真理に縛りつけられ、認識すべき第一の対象として成立するという出来事が、魂に関する系譜学的研究において、「従属化の効果」としてとらえ直されるのである。

『監獄の誕生』における権力分析は、十八世紀末の西洋における「人間」の出現という問題に関して、「考古学的」探究を引き継ぐものであるということ。実はこのことは、この書物の別の箇所において次のようにはっきりと述べられている。すなわち、魂に関する系譜学的研究は、刑罰制度の歴史と人間諸科学の歴史とのあいだに「両者共通の母胎がないかどうか」を探ること、つまり、「権力のテクノロジーを、刑罰制度の人間化と人間の認識とをともにもたらした原理に位置づけること」を、その任務のうちの一つとするものなのだ、と。(30)そして、実際に処罰権力の歴史的変化を辿り、規律のメカニズムにおける客体化と従属化の関係について、とりわけ非行性の産出とその効用について詳細な分析を終えた後、フーコーはこの書物の末尾において、あらためて次のように断言するのだ。

監獄から人間諸科学が生まれたというわけではない。しかし、人間諸科学が形成されて、周知の転覆の効果のすべてをエピステーメーのなかに生じさせることができたのは、人間諸科学が、権力の種別的で新しい一つの様態によってもたらされたからである（…）。監禁網は、人間諸科学を歴史的に可能にした権力―知の骨組みのうちの一つを構成している。認識可能な人間（魂、個人性、意識、行いなど、ここでは何でもよい）は、そうした分析的攻囲、そうした支配―観察の効果―客体なのである。[31]

「認識可能な人間」の登場という、「考古学」にとっての中心的問題として扱われていた出来事は、確かに、新たな権力関係の成立とともにもたらされたものであるということ。実際、非行性および非行者に関する分析によって明らかにされたのは、個人を縛りつけるものとしての個人性や魂といった形象が、権力のメカニズムのなかで、新たな知の客体として産出されたということだった。「魂の系譜学」は、このように、人間の認識可能性という問題に対して、新たな視点から新たな回答を提示しているのだ。六〇年代のフーコーの一連の著作は、十八世紀末に登場した形象としての人間を、我々の思考を終わりのない任務へと誘うもの、それによって思考の眠りをもたらすものとして告発していた。七〇年代の権力分析は、そのようなものとしての人間が、我々の思考に対してばかりでなく、我々の身体や行動に対しても拘束力を及ぼすものであることを示す。人間主体と真理との関係を問い直し、その歴史的基盤を暴き出すこと、それは、眠りに逆らって思考を目覚めさせるための努力であると同時に、魂による束縛から身を振りほどくため、自分自身の自己同一性から解放されるための挑戦でもあるのだ。

そもそも権力という主題は、フーコーにおいて、言説形成に関する分析のなかで浮上してきたものであった。したがって七〇年代に展開される権力分析が、「考古学」の問題を引き継ぎつつそれを新たな観点から再提起しようとしたものであるとしても、驚くにはあたるまい。権力によって産出され、人間をその真理に繋ぎ止める役割を担うことで権力に貢献するものとしての「魂」。『監獄の誕生』は、監獄という処罰システムの効果であると同時に道具であるものとしての「非行性」を、そうした魂として描き出したのであった。人間主体と真理との特定の関係がいかにして結ばれるのかという問い、六〇年代の「考古学」を貫いていたその問いが、ここでもやはり、フーコーの探究をその根底において導いているのである。

第六章・注

（1） OD, p. 229〔一三頁〕
（2） AS, p. 129〔二二九頁〕
（3） OD, p. 247〔六七頁〕
（4） AS, p. 128〔二二七頁〕
（5） AS, p. 128〔二二七頁〕
（6） SP, p. 284〔二七頁〕
（7） VS, p. 670〔九五―九六頁〕
（8） « *Il faut défendre la société* ». *Cours au Collège de France（1975-1976）*, Paris, Gallimard/Seuil, 1997, pp. 13-18〔『社会は防衛しなければならない』、石田英敬、小野正嗣訳、筑摩書房、二〇〇七年、一六―二一頁〕フーコーによれば、権力の問題に手をつける際にまず配慮したのは、ある種の「経済主義」から権力の理論を解放することであったという。すなわち、古典的な法理論に従って権力を譲渡可能な一つの財のようなものと考えるにせよ、マルクス主義のように権力の存在意義を生産関係の維持のうちに見いだすにせよ、いずれにせよ権力は長いあいだ経済を出発点として思考されてきたのであり、そうしたやり方を問いに付す必要があったということだ。そして、そのように経済主義から自由になった権力分析を行おうとするやいなや、ただちに二つの仮説が現れる。それが、権力の根底にあるのは戦争ないし闘争であるという仮説と、権力のメカニズムは本質的に抑圧的なものであるという仮説である。そうした闘争と抑圧から成る既成の図式を自分自身もしばらくのあいだ用いてきたことを認めつつ、フーコーは、今やその図式を根本的に問いに付すとともに、新たな分析方法を練り上げるべきときであることを強調するのである。
（9） DE II, pp. 228-229〔Ⅵ 三〇一―三〇二頁〕

(10) SP, p. 310〔五二頁〕
(11) SP, p. 512〔二三一頁〕
(12) SP, p. 514〔二三二頁〕
(13) SP, p. 444〔一七五頁〕
(14) SP, p. 472〔一九五頁〕
(15) SP, pp. 287-288〔三〇―三一頁〕
(16) SP, pp. 288-289〔三二頁〕
(17) SP, p. 507〔二二四頁〕
(18) SP, p. 533〔二四六頁〕
(19) SP, p. 544〔二四八頁〕
(20) SP, p. 545〔二四八頁〕
(21) SP, p. 546〔二四九―二五〇頁〕
(22) SP, pp. 548-549〔二五一―二五二頁〕
(23) SP, p. 568〔二七一頁〕
(24) SP, p. 507〔二二四頁〕
(25) SP, p. 283〔二七頁〕
(26) SP, p. 290〔三三頁〕
(27) SP, p. 290〔三三頁〕
(28) SP, pp. 290-291〔三三―三四頁〕
(29) J. Butler, *The Psychic Life of Power*, Stanford University Press, 1997, p. 86〔『権力の心的な生』、佐藤嘉幸、清水知子訳、月曜社、二〇一二年、一〇六頁〕
(30) SP, p. 284〔二八頁〕
(31) SP, p. 609〔三〇四―三〇五頁〕

第七章

セクシュアリティの装置

言説形成をめぐる「考古学的」考察の延長上に、権力のテーマが登場したということ。刑罰制度に関する歴史研究のなかで権力に関する考え方が練り上げられて、権力のネガティヴな作用よりもむしろそのポジティヴな効果に関する分析に重点が置かれるようになったということ。そしてそのように権力関係に焦点を定める研究もやはり、人間主体と真理との結びつきに関する問いによって貫かれているということ。以上が、一九七〇年代初頭から『監獄の誕生』に至るまでのフーコーの権力分析に関して確認できたことである。

そして、一九七五年の著作においてそのように提示された権力分析を別の研究領域において引き継ぐとともに、それをさらに前進させようと試みるのが、『性の歴史』第一巻『知への意志』である。一九七六年のこの著作においてフーコーは、性の問題をやはり権力関係をめぐる歴史研究の枠組みのなかで扱うという企図を掲げながら、刑罰制度に関する探究によって明るみに出された規律権力についての考察を練り上げる一方で、他方では、その規律権力と連動して作用するもう一つ別の権力形態を標定するのである。そこでこの章では、性をめぐる長大な研究の序論のようなものとして単独で出版されたこの書物について、以下の問いを提出しつつ検討していきたい。まず、性に関してなされるべき歴史研究が、そこでどのようなものとして提示されているのか。次に、処罰形式の変化との関連で行われた規律権力をめぐる分析が、性の問題に関する考察のなかでどのようにとり上げ直されるのか。そして最後に、『知への意志』において新たに標定される権力形態とはどのようなものなのか、そしてそれがフーコーの研究をいかなる方向へと導くのか。

1 セクシュアリティの歴史

性の歴史という企図

『知への意志』を検討するにあたってまず指摘しておかねばならないこと、それは、性に関する歴史研究という構想が、フーコーには非常に古くからあったということである。『狂気の歴史』初版の序文にはすでに、「性的禁忌」に関する歴史研究の必要性が語られていた。[1] また、『知の考古学』にはセクシュアリティをめぐる言説実践を対象とする「考古学的」記述の可能性が述べられていたし、[2] さらには『言説の領界』においても「セクシュアリティに関する言説に対して課される禁忌についての研究」が将来的な企図として掲げられていた。[3] 『性の歴史』は、したがって、長年にわたって温められてきたテーマをついに実現すべく企図されたものであると言えるだろう。

しかしこのテーマに関する探究は、当初より七〇年代前半に至るまで、もっぱらネガティヴな語彙のもとで構想されていた。つまり性の歴史は、限界、分割、排除などにかかわる歴史のうちの一つとして研究すべきものとみなされていたということだ。これに対し、『知への意志』では、すでに前章において言及しておいたとおり、「知を産出し、言説を増加させ、快楽を誘導し、権力を発生させるポジティヴなメカニズムから出発しなければならない」ということが強調される(4)。処罰形式をめぐる研究を通じてもたらされた「逆転」を経て、セクシュアリティの歴史は、抑圧や禁止や隠蔽といった観点からではなく、権力による知や言説の産出という観点から語るべきものとなるのである。

抑圧か煽動か

それでは、ポジティヴな権力のメカニズムとの関係のなかに置き直されるとき、性の歴史はどのようなものとして現れるのだろうか。『知への意志』においてフーコーがまず行うのは、性をめぐって当時広く受け入れられていた仮説、すなわち、西洋において性は十八世紀以来抑圧されてきたという仮説を、根本的に問いに付すことである。その仮説によれば、ヨーロッパでは十七世紀初頭まで性の自由が享受されていたという。しかしその後、資本主義の発展などに伴い、性は、夫婦を単位とする家庭に閉じ込められ、もっぱら生殖のために役立つものとしてのみ許されるようになった。そしてその結果、それ以外の性、つまり、婚前交渉、姦通、同性愛、自慰などへと導く性は、非難され、禁止されることになった、というわけだ。そしてそうした仮説にもとづいて、抑圧を取り除くことの重要性、性の解放をもたらす必要性が強調されていたのだった。

こうした「抑圧の仮説」を、フーコーは次のようなやり方で問い直そうとする。「なぜ我々が抑圧されていると言うのに、これほどの情熱をもって、また我々の最も近い過去と我々の現在と我々自身に対するこれほど激しい怨念をもってするのか」[5]。性に関する禁止や排除が事実であるとしても、それにしても我々はなぜ、かくも声高に性の抑圧を告発し、解放が急務であると執拗なまでに訴えるのか。我々はなぜ、性を罪深いものとしてきたことに対し、かくも強い罪悪感を抱いているのか。そこには「一つの社会の症例」のようなものが見いだされはしまいか[6]。このような問いを掲げながら、フーコーは性に関して、抑圧の仮説に代わる自らの仮説を提出する。それはすなわち、もっぱら言説の産出という観点から言えば、性は、抑圧されてきたどころか、むしろ何世紀にもわたって煽動され続けてきた、という仮説である。

ヨーロッパでは確かに、性に関してある種のタブーが作り上げられ、使用可能な語彙の厳格な選別も行われてきた。しかしその一方で、とりわけ十八世紀以来明らかに見いだされるのは、「権力行使の場そのものにおける性についての言説の増大」である[7]。教育、医学、裁判などといった場において、性については多くのことが語られてきたし、ますます多くのことが語られるようになってきているということ。さまざまな場所で、さまざまな観点から、「性の言説化[8]」が煽り立てられているということだ。そしてフーコーが、性の言説のそうした絶え間のない増殖において本質的な役割を果たしているとみなすもの、それが、何世紀にもわたって西洋に存続してきたものとしての告白の実践である。

欲望の告白

『知への意志』によれば、西洋において告白は、少なくとも中世以来、「真理の産出が期待される主要な儀礼」のうちの一つとされてきた[9]。最も日常的な次元から最も厳かな儀式に至るまで、真理の獲得のために告白がなされる。宗教上の罪を、犯罪を、自分の欲望を、自分の夢を、自分の幼児期を告白する。両親に対し、あるいは教師に対し、あるいは医師に対し、あるいは愛する人に対し、告白する。要するに、西洋社会は、比類のないほどに告白を好む社会であるということだ。そしてそうした告白の実践において、性は古くから特権的な題材とされてきた。カトリックの告解の伝統のなかで、性にかかわる罪の告白にとくに重要性が付与されてきたということであり、これが、十八世紀以降出現した新たな性のテクノロジーとともに、多様化しつつ社会に大きく拡がっていったのである。

ところで、性に関する告白のそうした長い歴史のなかに、とりわけ重要な契機としてフーコーが標定するのは、キリスト教の悔悛の秘蹟において、姦淫の罪の重点が、「行為そのものから、知覚するのも言葉にするのも極めて困難な欲望の惑乱へ」移動するということである[10]。すなわち、伝統的な告解においては掟に対する違反行為が問題とされていたのに対し、とりわけ対抗宗教改革以後、思考、感覚、想像力など、行為の背後にあって行為を引き起こすとされるもののすべてに重大さが与えられるようになるということだ。そしてここから、「自分の欲望を、自分のすべての欲望を、言説にしようと努めるべし」という至上命令が下されることになる。「魂と身体を介して性と何らかのかかわりを持つ無数の快楽、感覚、思考」を語るという、「ほとんど終わりのない任務」が課されるようになるのである[11]。そして、古くは修道制および修徳の実践のなかで形成され、十七世紀にはすべてのよきキリスト教徒のための規則になったという、そうした性の言説化の企てが、十八世紀になって、権力のメカニズムのなかでとり上げ直され、強化されることになるのだとフーコーは言う。つまり、快楽や欲望といった、一人ひとりの行動を裏打ちしているとされるものに関する言説が、政治的、経済的、技術的な関心にもとづいて絶え間なく採取され、それが肉体や生命を語る科学の言説に連結されるということであり、こうして、「性に関して真理の言説を産出するために複雑な装置が設置される」ことになる。フーコーによれば、その装置によって生み出されるのが、「性とその快楽に関する真理」としての「セクシュアリティ」なのである[12]。

セクシュアリティの装置

ここで確認しておきたいこと、それは、日本語訳では『性の歴史』とされているこの壮大な研究全体のタイトルが、実際には *Histoire de la sexualité*（セクシュアリティの歴史）であるということだ。第二巻『快楽の活用』の序論において明確に述べられるとおり、性に関するフーコーの歴史研究は、何よりもまず、セクシュアリティというこの概念の見かけの自明性を問題化することを企図していたのである。セクシュアリティとは何か。それは、性の言説を煽動する権力のメカニズムのなかで、どのようにして歴史的に産出されたのか。そしてそれは、そうした権力の戦略のなかでどのような役割を果たすのか。こうした問いに対して答えるための手がかりを与えてくれるものとして、フーコーは、「十八世紀以降、性に関して知と権力の種別的装置を発展させた四つの重大な戦略的集合[13]」を標定する。女性の身体が隅から隅までセクシュアリティの充満した身体とみなされるようになること。子供のセクシュアリティが教育的配慮の対象となること。夫婦間のセクシュアリティが社会において管理すべきものとなること。倒錯的セクシュアリティが精神医学によって扱われるべき問題となること。知と権力との絡み合いを端的に示すそれら四つの戦略ないし四つの出来事において問題となっているのが、「セクシュアリティの産出そのもの[14]」であることに注目しつつ、フーコーはそれらを、『性の歴史』の第二巻以降における具体的歴史研究が扱うべき対象領域として設定するのである。

フーコーが掲げる以上のような研究計画は、一方において、『監獄の誕生』が規律権力として描き出したものに関する探究を明確なやり方で引き継ごうとするものである。というのも、性の告白およびセクシュアリティの産出に関してまず問題とされているのが、一九七五年の著作が規律の効果として明るみに出したようなものとしての個人化のメカニズムであるからだ。すなわち、告白は「権力による個人化の手続きの核心[15]」にあるものとして扱われ、セクシュアリティはとりわけ、権力が身体のなかに組み込む「個々人の種別化の様式[16]」とされているのである。告白を中心とする性の言説化によって産出されるセクシュアリティは、いわば、監獄における監視や観察によって産出される非行性のようなものであるということ。要するに、セクシュアリティに関する歴史研究は、処罰形式の歴史に関する探究と同様、「魂の系譜学」の一部として特徴づけることのできるものであるように思われるのである。

しかし他方、『性の歴史』は、セクシュアリティの産出をもたらす種別的装置の誕生とその作用を、規律権力とのかかわりにおいてのみ分析しようとするものではない。一九七六年の著作においてフーコーは、前年の書物においてはいまだ標定されていなかったもう一つの権力形態、すなわち、個人の身体ではなく生物学的プロセスの全体としての人間集団を標的とする権力形態を粗描する。そして、連動して作用するとされるそれら二つの権力形態との関連において、どのようにしてセクシュアリティが産出され、戦略的に機能させられることになるのかという問いが提出されるのである。

そこで以下、まず、性の言説化をめぐる探究が、処罰権力に関して行われた分析をどのように引き継ぎ、それをどのように発展させようとしているのかということについて、次に、そうした探究とともにいかなる新たな権力形態が見いだされ、それがフーコーの研究をいかなる方向へと導くのかということについて、順に考察していくことにしよう。

2　従属化、真理、抵抗

同性愛の誕生

まず、『知への意志』において提示されている探究が、「魂の系譜学」の一部とみなされうるということについて。このことに関して大きな示唆を与えてくれるのが、「同性愛」という「倒錯的」セクシュアリティの確立によって「個人の新たな種別化」がもたらされるとするフーコーの以下の記述である。[17]

男色は——かつての世俗的あるいは宗規的な法における男色は——禁止された行為の一タイプであった。その行為を犯した者は、その法的主体にすぎなかった。これに対し、十九世紀の同性愛者は一個の登場人物となる。一つの過去、一つの歴史、一つの幼少期、一つの性格、一つの生の形態であり、慎みを欠いた解剖学とおそらくは謎めいた生理学とを伴う一つの形態学でもある。彼が全体としてそうであるところのもののうち、彼のセクシュアリティから逃れるものは何一つない。それは彼のうちの至る所に現前している。それは彼のあらゆる行いの下に隠れている、というのも、それは彼の行いの油断ならぬ、際限なく活動的な原理であるからだ。それは彼の顔や彼の身体に恥ずかしげもなく刻み込まれている、というのも、それは絶えず自らを露呈する一つの秘密であるからだ。彼のセクシュアリティは、習慣上の罪というよりもむしろ一つの特異な本性のようなものとして、彼と不可分なのである。（…）同性愛は、それが男色の実践から、一種の内的な半陰陽へ、魂の両性具有へと誘導されたときに、セクシュアリティのさまざまな形象の一つとして出現したのである。男色家とは、罪を犯して懲りることのない者のことであった。これに対し、同性愛者とは、今や一つの種族なのだ[18]。

同性間の性の営みが、行為そのものから、個人をその行為へと駆り立てる「特異な本性」に送り返されるようになるということ。そうした本性としてのセクシュアリティ、「魂の両性具有」としての「同性愛」が、それを所持する個人を「同性愛者」という「一つの種族」として存在させるということ。こうした記述は、『監獄の誕生』が、処罰権力による非行性および非行者の産出について語っていたことと正確に呼応している。そして、そのようなものとして確立されたセクシュアリティが、権力にとってどのように役立つのかということについても、フーコーは次のように明確に述べている。すなわち、権力の拡張によってセクシュアリティが増殖する、その一方で、セクシュアリティの方は自らを「介入の表面」として差し出すことによって権力の増大をもたらすのだ、と[19]。実際、「倒錯的」セクシュアリティが特異な本性ないし特殊な個人性として打ち立てられることによって、それに関する知は、個人を識別して分類することを可能にするだろうし、治療、差別、排除といった措置に根拠を与えることにもなるだろう。このように、セクシュアリティは、非行性という「犯罪者のささやかな魂」と同様、権力の効果であると同時に道具であるものとして描き出されているのである。

そして、処罰権力に関する探究のなかで、そうした知と権力との相関関係が成立するための条件のようなものとして粗描されていた作用、すなわち、個人をその個人性に縛りつけるものとしての「従属化」の作用に関しては、『知への意志』においてより明示的な言及がなされることになる。

人間の従属化

セクシュアリティという「特異な本性」を産出するばかりでなく、それに個人を繋ぎ止めるのもやはり権力の作用であるということについて、フーコーはそれを次のようにはっきりと語っている。すなわち、無数のセクシュアリティを産出して現実のなかにまき散らしながら、権力はそれを、「身体の内部に侵入させ、行動の下にしのびこませ、分類と理解可能性の原理とし、無秩序の存在理由であり自然的秩序であるものとして構成する」のだ、と。[20] そのように一つの本性ないし一つの魂を個人の身体のうちに組み込むとともに、それによって個人に対する支配力を強化するという、権力の二重の作用を、フーコーは、とりわけ告白による真理の強奪のメカニズムのなかに標定する。自分は何をしたのか、自分は何者であるか、などということを執拗に語らせることで、権力は人間を、「語の二重の意味での《sujet》」として構成してきたのだということ。[21]

つまり、一人の個人が、一つの真理ないし本性を自らに固有のものとして保有する主体（sujet）であると同時に、権威に服従する臣下（sujet）でもあるような者に作り上げられてきたということだ。そしてそうした二重の作用を指し示すものとして使用されるのがまさしく、「従属化」という語である。『監獄の誕生』ではいまだ粗削りなやり方で用いられていたこの語、この概念が、ここではより明確な意味とともにとり上げ直されているのだ。

「従属化（assujettissement）」という語に含まれる《sujet》について、それが持つ二つの意味のあいだの関係について考察すること、これは、アルチュセールがすでに、「イデオロギーと国家のイデオロギー諸装置」と題された論考のなかで試みていたことである。彼は、主体の自由な意識が、実はイデオロギーに依存し、イデオロギーによって構成されているということ、自由な主体とは、上位の権威への従属化によって、そのために存在するものであるということを語っていたのだった[22]。これに対し、「イデオロギー」という概念を徹底して拒絶するフーコーにとって[23]、《sujet》の二重の意味によって指し示されるのは、自由な意識が同時に服従する意識でもあるという逆説ではなく、自分自身および他者への二重の従属化である。つまり、フーコーがここで問題としているのは、あくまでも、自己の真理ないし自己の魂に繋ぎ止められた者、そしてまさにそのことによって他者に従属させられる者としての主体なのだ。このことに関しては、一九八二年の日付を持つ彼の一つの論考のなかに、より明示的な記述を見いだすことができる。「主体と権力」と題されたそのテクストにおいて、フーコーは、個人を「諸々のカテゴリーに分類し、個々に固有の個人性によって指し示し、個々の自己同一性に繋ぎ止める」ような権力について語りつつ、その権力が、個人を二重の意味において《sujet》に変換するものであることを指摘する。すなわちそうした権力は、個人を、「管理や従属によって他者に従っている臣下」であると同時に「自意識や自己認識によって自分自身の自己同一性に繋ぎ止められている主体」である者として構成するのであり、したがって、いずれの場合においても問題は「従属させる（assujettir）」ことなのだ、と。[24] 自由と服従という両義性が問題なのではなく、自己および他者への二重の従属化が問題であるということ。個人性や自己同一性、プシケや主体性は、ここではあくまで「身体の監獄」としてとらえられているのであり、その限りにおいて、主体は臣下と同様、従属化の産物に他ならないのだ。したがって、これもやはりバトラーが、ただし少々遺憾の意を示しながら指摘しているとおり、[25] いかにもフーコーには、主体が権力によって産出される「と同時に」従属化されるのはどのようにしてなのかという問題は徹底して不在なのである。

そして、そのようなものとしての従属化のメカニズムを「セクシュアリティの装置」に関する分析のなかでとらえ直しつつ、そこからフーコーは、以下の二つの問題に対する新たなアプローチを企てる。その二つの問題とはすなわち、主体に関する知の歴史的形成という問題と、権力に対する抵抗の問題である。

性の真理と人間の真理

まず主体に関する知の形成という問題について。フーコーによれば、セクシュアリティの装置は、ただ単に、種々の性的な自己同一性に繋ぎ止められた主体の構成を可能にしただけではない。それに加えて、その装置とともに、性のなかにこそ我々自身の最も重要な秘密が隠されているのではないかという疑念が生じ、そこから性に対し、我々とは何者であるかという問いが差し向けられることになったという。性のうちに、「すべてにかかわる意味、普遍的な秘密、遍在する原因、絶えることなき恐怖」が見いだされるようになるということ、そしてその性に対し、「我々が直接的意識において所有していると思っている我々自身についての真理の底に深く埋もれた真理」を語らせようとする企てが生じるということだ。そしてそのなかで形成されてきたのが、「主体に関する知」であり、それもとりわけ「主体が主体自身から逃れ去るようにする」ものに関する知であるとフーコーは言う。性をめぐる言説のなかで、「主体における因果律、主体の無意識、それを知っている他者における主体の真理、主体自身が知らないことについての主体のなかにおける知」が形作られてきたということ。「主体の学」が、性の問題を中心として繰り広げられるようになったということだ[26]。性こそが「我々の真理を闇のなかで握っている」とみなされることで[27]、性の真理が、我々自身の真理の真理のようなものとして価値づけられるようになったのである。

前章で確認したとおり、『監獄の誕生』における「魂の系譜学」の企ては、人間の登場という、六〇年代のフーコーの研究にとって問題とされていた認識論的出来事を、新たな観点からあらためてとり上げ直すという側面を持っていた。『知への意志』においてもやはり、権力のメカニズムのなかでの性の真理の産出が、人間主体とその真理をめぐる問いへと送り返される。しかしそればかりではない。それに加えて、この一九七六年の著作においては、「主体の学」における性の問題の比類のない特権が強調されているのだ。六〇年代の「考古学的」研究が、人間学的思考の特徴として示してみせたのは、人間の真理が、真理の真理ないし真理の魂のようなものとして価値づけられているということであった。そうした人間主体の特権化が、今度は、性という種別的問題の特権化と関連づけられることになる。性の真理が、人間の真理の真理、あるいは人間の魂の魂のような役割を担うものとされるということ。こうして、今度は性とその告白に関して、「本質的なことは常に我々から逃れ去っている[28]」という想定のもとでそれを取り戻すための「際限のない務め[29]」が課されるという、喪失と回収から成る図式が見いだされることにもなるのだ。セクシュアリティの装置に関するフーコーの探究は、このように、人間主体と真理との結びつきに関する歴史的考察を継続しつつ、それを、性の言説化という特殊な出来事を中心に組織し直そうとしているのである。

ところで、まさにそのようにして見いだされた性の問題の特殊性が、後に、フーコーの探究に大きな方向転換をもたらすことにもなる。すなわち、自分自身の真理を解読するために自分の性的欲望に問いかけるという企てに関して、その系譜を、より古い時代へと遡って辿る必要が生じるということ、そしてそのとき、もはや権力による言説の煽動とは別のことが問題になるということだ。このことについては次章で詳しく検討することにしよう。

戦術上の逆転

次に、権力に対する抵抗の問題について。刑罰制度およびセクシュアリティの装置に関する歴史研究のなかで、フーコーは、伝統的な権力理論と袂を分かつべく、権力をとらえるための新たなやり方を練り上げる。そのなかで、権力に抗するための闘いについても、それを従来とは別のやり方で行う必要性を表明することになる。

権力関係は、支配と被支配、抑圧と被抑圧との対立としてではなく、「それらが行使される領域に内在的で、かつそれらの組織化の構成要素であるような、無数の力関係」として理解すべきものであるということ。つまり権力は、奪ったり奪われたりする事物のようなものとしてではなく、一つの社会における錯綜した戦略的状況のようなものとしてとらえられるべきであるということであり、その限りにおいて、「権力は至る所にある」と言いうるということ[30]。そしてそのようなものとしての権力に対して、「抵抗は決してその外側に位置するものではない」ということ[31]。フーコーは確かに、だからといって我々が常にすでに権力に囚われとなっているというわけではなく、逆に、権力のあるところには必ず抵抗があること、権力関係が可能となるには「無数の抵抗点[32]」が必要であることを強調している。しかしそれでは、そうした抵抗を具体的にどのようなものとして考えればよいのだろうか。権力の外に逃走しようとしたり、支配者から権力を奪い取ろうとしたりしても無駄なのだとしたら、現実のなかで権力に対していかなる闘いを挑めばよいのだろうか。

抵抗が現実においてどのような具体的形態をとりうるかということに関して、フーコーがまず示すのは、権力の効果であると同時に道具であるような言説を、戦術的に反転させることによって、抵抗の拠点として利用する可能性である。

フーコーによれば、権力関係のなかで現れる言説の戦術的機能は、一様でも一定でもない。すなわち、一方に権力の言説があり他方にそれに対抗するもう一つ別の言説があるのではなく、同じ一つの戦略の内部において相異なり矛盾する言説がありうるし、または、相対立する戦略のなかで姿を変えることなく循環する言説もありうる、ということだ。権力の道具として機能している言説が、同時に、「正反対の戦略のための出発点」として、「権力を蝕み、危険に晒し、脆弱化し、その行く手を妨げる」ものともなりうるということ。[33] そしてそのことを例証するものとして挙げられるのが、同性愛をめぐる性解放の運動である。

すでに触れたとおり、十九世紀には、「特異な本性」を備えるものとしての倒錯的セクシュアリティに関する一連の言説が出現し、性倒錯の一つとしての同性愛が打ち立てられた。このことは確かに、一方において、その領域に関する社会的管理を押し進めることになった。しかし他方、まさにそのようにして打ち立てられた同性愛をめぐって、「逆向きの」言説の成立も可能になったのだとフーコーは言う。「同性愛は自分自身について語り始め、その正当性あるいはその「自然性」を主張し始めた」ということ[34]。つまり、自らに課されたセクシュアリティを貶めるその用語やカテゴリーそのものを用いながらそれを肯定してみせるという、戦術的な転倒がなされたということである。権力を遍在する力関係としてとらえる限りにおいて、解放運動は確かに、権力関係の外への脱出を可能にするものではない。しかし、抑圧ないし管理のために用いられる言説を逆手に取り、抵抗の手段として機能させることは可能であるし、実際にそのような抵抗が行われてきたのだ。フーコーはこのように、解放運動の意義を、一つの戦略をいわば内側から引き裂いてそれを攪乱することのうちに見いだしているのである。

セクシュアリティからの解放

しかし、このように戦術上の逆転による抵抗の有効性を認める一方で、一九七六年の書物は、そうした抵抗のやり方には限界があることについてもはっきりと語っている。それは、とくに精神分析によってもたらされた戦術上の反転が問題とされるときである。

フーコーによれば、精神分析は、性的欲望とその抑圧に関する理論を練り上げることで、西洋において古くから義務として課されてきた告白に対し、抑圧を取り除くことを可能にするものという新たな意味づけを行うことになった。そしてそこから、重要な戦術上の移動が可能となる。すなわち、西洋の性をめぐる状況が、もっぱら抑圧と解放という観点から解釈し直されるのである。ここから、性の抑圧が支配と搾取のメカニズムに結びつけられ、一方からの解放が他方からの解放に結びつけられて、性的抑圧に対する歴史的かつ政治的観点からの批判が行われることになる。そうした批判およびそれが現実にもたらした成果の重要性を認めながらも、フーコーは、その批判作業が依然としてセクシュアリティの装置の内部において展開されており、それに対抗してなされたものではないということ、そしてその限りにおいて、それが「その装置の歴史を書くための読解装置」ともなりえないし、「その装置を解体するための運動の原理」ともなりえないということを強調する。[35] 実際、そうした批判作業は、一方において、セクシュアリティの装置を抑圧の装置としてとらえ、告白をそうした抑圧からの解放の企てとしてとらえたために、言説の煽動および告白の強奪という現実を見極めることができなかった。そして他方では、性の告白の要請が新たなやり方で継続されることによって、セクシュアリティの装置は無傷のまま性の言説化という機能を果たし続けることになる。要するに、戦術上の逆転は、戦略的状況を打開するための突破口とはなりうるとしても、権力関係に根本的な転換をもたらすには至らないということだ。[36]

したがって、セクシュアリティの装置そのものに対して抵抗するためには、つまり、その装置に関して根本的な批判作業を行いつつそれを解体するためには、さらなる一歩が必要であろう。セクシュアリティを産出し、それに個人を繫ぎ止めつつ支配を強化する権力のメカニズムに対して闘いを挑むために必要なこと、それは、一つのセクシュアリティを自らに引き受けつつそれを解放しようとすることではなく、自分自身のなかに組み込まれたセクシュアリティから自らを解放しようとすることであろう。自分自身を一つの自己同一性のなかに閉じ込めるものとしてのセクシュアリティを拒絶しつつ、それを根本的に問いに付そうと試みること。要するに問題は、従属化の権力に抗うことなのだ。実際、フーコーは、すでにとり上げた一九八二年の論考において、個人をその自己同一性に従属させるとともに他者にも従属させるような権力形態こそが闘いの標的とされるべきであることを明言しつつ、次のように語っている。すなわち、そうした闘いにおいて重要なのは、「私たちがそうであるところのものを発見することではなく、それを拒絶すること」である、と。[37]

セクシュアリティを抑圧から解き放とうとする代わりに、抑圧や解放といったテーマを呼び寄せるセクシュアリティという概念そのものを根本的に問題化しつつ、それを批判的に検討すること。ところで、これこそまさしく、『知への意志』におけるフーコーの企てそのものに他ならない。『性の歴史』を書くことそのものがすでに、個人をそのセクシュアリティに繋ぎ止める権力に対する一つの闘いであるということ、従属化の戦略に対する一つの挑戦であるということだ。フーコーの言説は、そして『言説の領界』で述べられていたとおりおそらくすべての言説は、闘いの目的および手段としても機能しうるのだということを、ここであらためて思い起こすべきだろう。そしてその言説が、自らに課された自己同一性を肯定的に引き受け直そうとする代わりに、そうした自己同一性から身を引き離そうという試みに寄与するものであるとしたら、それが目指すのは、ここでもやはり、自分自身からの脱出であるということになるだろう。六〇年代の「考古学的」探究によって、自身がかつて専心していた人間学的思考からの解放をひととおり果たした後も、自己からの離脱というテーマは、依然として、フーコーにおいて本質的なものであり続けているのだ。新たなやり方で思考を再開するため、そしてまさにそれによって権力の戦略に対して闘いを挑むために、フーコーの言説は、同一のままにとどまり続けることへの徹底した抵抗を表明するものとして自らを差し出すのである。

3 生権力

生権力とセクシュアリティ

以上のように、『知への意志』は、『監獄の誕生』が描き出した規律権力に関する分析を引き継ぎ、それを深化させている。そしてその一方で、この一九七六年の著作においてフーコーは、規律権力にやや遅れて西洋に成立したとされるもう一つ別の権力形態を標定することになる。そして彼は、それら二つの形態をその両極とするようなより包括的なメカニズムを、人間の「生」に積極的に介入しようとする権力として特徴づけつつ粗描するのである。

フーコーによれば、かつての君主権的権力は、人々の生に対して消極的なやり方でしかはたらきかけていなかったという。君主は、臣民の生に関して自らが保持する権利を、命を奪ったり奪わなかったりすることによってのみ行使していたということ。つまり、生に権力が介入するのは、生に終止符を打つときに限られていたということだ。これに対し、古典主義時代になると、人間におけるさまざまな力を増大させるために、「生を運営し、増大させ、増殖させて、生に対する厳密な管理と総体的な調整を行おうと企てる」権力が登場するのであり[38]、これが、フーコーによって「生権力」と呼ばれるものである。そして、生に対して積極的にはたらきかけるものとして出現したこの権力は、十七世紀以来、何をその標的として定めるかに従って、二つの主要な形態において発展してきたとされる。一方には、「機械としての身体」に照準を定める「規律」ないし「解剖政治」。これは、すでに見てきたとおり、『監獄の誕生』で詳細に分析されていた権力形態であり、身体を調教して従順かつ有用なものに作り変えたり、その力を強奪して効果的な管理システムに組み込もうとしたりするものである。そして他方には、やや遅れて十八世紀半ばに形成されたものとしての「調整」ないし「生政治」。こちらが標的とするのは、個々の身体ではなく、「人口(population)」である。《population》というフランス語は、通常、一定の地域に住む人々の総体や特定のカテゴリーに属する人々の総体、さらには、統計学的調査の対象となるような生物学的個体群を指し示す。フーコーはそうした語義を考慮に入れながら、「人口」という語を、生物学的法則によって貫かれているものとしての人間集団という意味で使用する。繁殖や誕生、寿命や死亡率、健康水準などといった、ヒトという種に固有の自然的諸現象の集合がそこでは問題となるということであり、その人口に介入してそれを管理しようとする権力が、個々の身体にはたらきかけてそれを作り変えようとする権力の傍らに現れるというわけだ。身体をめぐる規律と人口をめぐる調整を両極として、生を隈なく攻囲することを目指す権力が組織化されるということ。そして、そのようにして身体の従属化と人口の管理のために形成されるさまざまな技術、さまざまな具体的装置のなかで、最も重要なものの一つとしてフーコーによって挙げられるのが、セクシュアリティの装置なのである。

実際、性とはまさしく、生権力の二つの形態の繋ぎ目に位置づけられるものである。性は、一方において、細部にわたる監視や、時間的および空間的な統制など、身体に対する権力の一式を呼び寄せる限りにおいて、規律の管轄に属する。そして他方、性は、大々的な措置や統計学的測定など、総体としてとらえられた人間集団としての人口に対する介入を引き起こす限りにおいて、調整の管轄に属する。「性は、身体の生への手がかりであると同時に、種の生への手がかりでもある」ということ。性とは、「規律の母型」としても、「調整の原理」としても用いることのできるものであるということだ[39]。だからこそ、セクシュアリティは、一方では、個々人の行動や夢のなかから執拗に狩り出されて、一人ひとりをそこに繋ぎ止める欲望の真理として機能するとともに、他方では、一つの社会の力の指標として価値づけられて、政治的ないし経済的介入のテーマとなったり、イデオロギー的キャンペーンのテーマとなったりするのである。身体と人口の接点にあるものとして、性が、生の運営を中心として組織される権力にとって特権的な標的とされるということであり、性の言説の爆発的な増大の要因もここに標定されるのである。

ミクロ権力からマクロ権力へ

以上のとおり、『知への意志』においてフーコーは、セクシュアリティの装置の形成を可能にしたものとして、生権力およびその二つの形態を描き出す。身体をめぐる規律ないし解剖政治と、人口をめぐる調整ないし生政治という、生権力の両極を構成するとされるそれら二つの形態のうち、フーコーの研究はその後数年にわたって、とりわけ後者に焦点を定めて進められることになる。そのことは、コレージュ・ド・フランスにおいて一九七〇年代後半に行われた一連の講義のなかに明白なやり方でしるしづけられている。

まず、一九七五―一九七六年度講義『社会は防衛しなければならない』の最終日において、「人口」、「生政治」、「生権力」といった一連の概念とともに、権力分析の新たな方向性が示される。そしてその後、一年間の研究休暇を経て、一九七七―一九七八年度講義『安全・領土・人口』では、そのタイトルが示唆しているとおり、全面的に人口に狙いを定めた探究が展開されることになる。すなわちそこでは、人口という概念をめぐる、そして人口を調整するためのメカニズムをめぐる政治的な知がどのように形成されたのかということが問われるのであり、そのなかで、人口を主要な目標として定める「統治」の技法が、キリスト教的「司牧制」をモデルとしつつ誕生し、それが「国家理性」と呼ばれるものの出現とその確立を西洋にもたらすことになるというプロセスが描き出されるのである。そして翌年度の講義『生政治の誕生』は、前年度講義を引き継ぎながら、今度は、統治の行使を合理化するための新たな原理および方法としての「自由主義」について、それがどのようにして登場し、どのようにして国家理性に取って代わったのかということを、「政治経済学」および「市民社会」の誕生と関連づけながら分析することになる。

このように、一九七〇年代後半にコレージュ講義において展開されるフーコーの権力分析は、人口に照準を定めることで、個々人の身体というミクロのレヴェルから、社会や国家といったマクロのレヴェルへと、その重心を次第に移していくことになる。この移行に言及しつつ、フーコーは、『安全・領土・人口』講義の末尾において次のように語っている。すなわち、自分がその年の講義において示したかったのは、「ミクロ権力のレヴェルとマクロ権力のレヴェルとのあいだに切断のようなものはない」ということ、したがって、「ミクロ権力の観点からの分析は、いかなる困難もなしに、統治や国家といった問題に関する分析に合流する」ということなのだ、と[40]。

ここでフーコーによってまず強調されているのは、確かに、権力の局所的ないし微視的な分析と、国家や社会といった問題に関する巨視的な分析とのあいだの連続性である。とはいえ、ミクロ権力からマクロ権力への重心の移動は、一九七〇年代後半のフーコーを、それまでの彼の研究にとって中心的主題であったものから徐々に遠ざけていくようにも思われる。すなわち、人間主体と真理との結びつきという、六〇年代の「考古学的」探究において問題化され、従属化の権力との関連でとり上げ直された主題が、人口をめぐる調整の問題を中心に据える探究においては展開の場を失っていくようにも見えるということだ。市民社会や統治といった新たな問題とともに、フーコーは、それまで彼の探究を導いてきたテーマを捨て去り、全く別の方向へと舵を切ったということだろうか。しかし誤ってはなるまい。実際には、生政治ないし生権力をめぐる探究もやはり、少なくとも企図のレヴェルにおいては、六〇年代以来のテーマとの密接なつながりを保っているということが、フーコー自身の言葉によって幾度となく示唆されているのである。

人口と人間

まず、『知への意志』において。人間の生そのものが政治の内部で問題とされるようになったという事実について語りつつ、それがもたらした重大な結果のうちの一つとしてフーコーがそこで挙げているのが、他ならぬ「人間」の登場である。すなわち、生権力の出現とともに、「生と人間とをめぐる二重の問題設定が、古典主義時代のエピステーメーの秩序を横切ってそれを配分し直した」とされているのだ。[41] 十八世紀末の西洋において科学的言説の体制に断絶が生じ、そこで「生命」のような何かが問題とされるようになるということ、そしてそのとき「人間」が、生きる存在として種別的であると同時に、他の生物から区別される存在でもあるという両義的な地位を付与されて現れるということ、これはまさしく、『言葉と物』において示されていたことである。つまり、一九七六年の著作は、生命および人間に関する科学の誕生という、西洋のエピステーメーの変動によって生じたものとして標定されていた出来事を、生に対して積極的に介入する権力の登場との関連でとり上げ直しているのである。

次に、コレージュ講義『安全・領土・人口』において。そこには、人口という概念から出発して「人間諸科学の考古学」をとり上げ直そうという企図が、より明示的なやり方で語られている。一九七八年一月二十五日の講義のなかで、フーコーは、人口と統治の技法との関連について述べた後、経済学、生物学、文献学という、『言葉と物』によって十八世紀末に登場したものとして描き出されていた三つの経験的科学が、実はいずれも、人口＝個体群（population）を問題とするものであることを指摘する。すなわち、政治経済学は人口をその主体および対象とするものであるし、生物学とりわけダーウィンの進化論が問題とするのは個体群における変化や淘汰であるし、歴史文献学は集団的主体としての人口と言語との関係を問うものであるということだ。権力のテクノロジーの相関物として人口＝個体群が構成されることで、知にとっての一連の対象領域が開かれるということ。そしてそうした対象領域の構成が、人口＝個体群を、権力の特権的相関物としてあらためて価値づけるということ。「考古学的」探究によってすでに踏破されていた領域を、知と権力との含み合いという観点からこのようにとり上げ直した後、それに続けてフーコーは、ここでもやはり、「人間」の登場について語る。すなわち、「人間を生きる存在として、労働する個人として、語る主体として分析するものとしての人間諸科学」を通じてなされる主題設定は、「権力の相関物および知の対象としての人口の出現から出発して理解されなければならない」のであり、十八世紀末以来の人間諸科学および人間主義が問題とする「人間」とは、結局のところ、「人口の一つの形象に他ならない」のだ、と。(42)

十八世紀末の西洋における「人間」の登場という、六〇年代の自身の探究において中心的主題として扱っていた認識論的出来事を、フーコーは、規律権力に関する分析のなかで、個人をその個人性ないし魂に繋ぎ止める権力に関連づけていた。その同じ出来事を、『性の歴史』以後数年間のフーコーの探究は、人口を標的として定める権力に関する考察のなかであらためてとらえ直そうとする。練り上げられたやり方で提示されているわけではないとはいえ、人間とその認識をめぐる問いかけ、主体と真理との結びつきをめぐる問いかけは、マクロ権力の分析においてもやはり依然として存続しているのである。

『性の歴史』第一巻『知への意志』は、セクシュアリティをめぐる歴史研究の企てを、処罰権力に関する研究の成果を引き継ぐものとして、そしてそれと同時に、生に積極的にはたらきかける権力の分析という新たな方向を開くものとして提示しているということ。『監獄の誕生』で明るみに出された規律権力に加えて、生政治および生権力が探究の標的として示されているということであり、そうした権力分析の試みが、七〇年代後半のコレージュ・ド・フランス講義を通じて展開されていく。しかし八〇年代に入ると同時に、フーコーの研究には大きな方向転換が生じることになる。すなわち、もはや十八世紀以降の西洋における権力関係ではなく、古代世界における自己の自己との関係が問題とされるようになるのである。そしてそれとともに、第一巻の刊行から八年を経てようやく出版される『性の歴史』第二巻、第三巻は、当初の計画とは全く異なるものとして姿を現すことになる。

第七章・注

(1) DE I, pp. 189-190〔I 一九六―一九七頁〕
(2) AS, pp. 206-207〔三六三―三六四頁〕
(3) OD, pp. 251-252, 254〔七九―八〇、八六―八八頁〕
(4) VS, p. 670〔九五―九六頁〕
(5) VS, pp. 621-622〔一六頁〕
(6) VS, p. 621〔一六頁〕
(7) VS, p. 627〔二六頁〕
(8) VS, p. 629〔二九頁〕
(9) VS, p. 657〔七六頁〕
(10) VS, p. 628〔二八頁〕
(11) VS, p. 629〔二九頁〕
(12) VS, p. 666〔八九頁〕
(13) VS, pp. 692-693〔一三四―一三六頁〕
(14) VS, p. 693〔一三六頁〕
(15) VS, p. 658〔七六頁〕
(16) VS, pp. 650-651〔六〇頁〕

(17) VS, p. 647〔五五頁〕

(18) VS, p. 647〔五五―五六頁〕

(19) VS, p. 652〔六二頁〕

(20) VS, p. 648〔五六頁〕

(21) VS, p. 659〔七九頁〕

(22) L. Althusser, *Sur la reproduction*, Paris, P.U.F., p. 303〔『再生産について』下巻、西川長夫他訳、平凡社、二〇一〇年、二四四頁〕

(23)「ミシェル・フーコーとの対話」（邦訳タイトルは「真理と権力」）と題された対談のなかで、フーコーは、自分が「イデオロギー」という概念を拒絶するのは、それが真理、主体、下部構造を、無反省的に前提しているからであると語っている（DE II, p. 148〔VI 二〇一頁〕）

(24) DE II, p. 1046〔IX 一五―一六頁〕

(25) J. Butler, *The Psychic Life of Power, op. cit.*, pp. 2-3〔『権力の心的な生』、前掲書、一〇―一一頁〕

(26) VS, p. 667〔九一―九二頁〕

(27) VS, p. 671〔一〇二頁〕

(28) VS, p. 639〔四四頁〕

(29) VS, p. 736〔二〇二頁〕

(30) VS, p. 683〔一一九―一二〇頁〕

(31) VS, p. 685〔一二三頁〕

(32) VS, p. 685〔一二三頁〕

(33) VS, p. 690〔一三〇頁〕

(34) VS, p. 690〔一三一頁〕

(35) VS, p. 714〔一六六―一六七頁〕

（36）フーコーが性解放運動から常に一定の距離を保っていた理由もここにある。「私は決して、いかなる性解放運動にもその一員として属したことがありません。それはまず、私はいかなる運動の一員にもならないからであり、それに加えて私は、一人の個人がその性と同一視されたり、性を通して同定されたりしうるということを認めないからです」（DE II, p. 1482〔X 一四六頁〕）。

（37）DE II, p. 1051〔IX 二〇頁〕

（38）VS, p. 717〔一七三頁〕

（39）VS, p. 724〔一八四頁〕

（40）*Sécurité, Territoire, Population*, Paris, Gallimard/Seuil, 2004, p. 366〔『安全・領土・人口』、高桑和巳訳、筑摩書房、二〇〇七年、四四一頁〕

（41）VS, p. 722〔一八一頁〕

（42）*Sécurité, Territoire, Population, op. cit.*, p. 81〔『安全・領土・人口』、前掲書、九五頁〕

第八章

自己の技術

『性の歴史』第一巻『知への意志』のなかでフーコーは、セクシュアリティをめぐる自らの研究を、十八世紀以来の生権力との関連において進めることを予告していた。そしてコレージュ・ド・フランス講義において彼は実際、数年にわたり、生に対して積極的にはたらきかける権力に関する考察を、その二つの形態のうちとりわけ人口をめぐる調整権力に焦点を定めて進めていく。ところが、『生者たちの統治』と題された一九七九―一九八〇年度講義ではその研究がいわば突然中断され、代わって新たな探索が開始される。そこでは、もはや十八世紀以降の権力関係ではなく、初期キリスト教における自己の真理の現出化という実践が問題とされるのである。そして翌年度以降、フーコーの講義は、帝政期ローマへ、次いで古典期ギリシアへとさらに時代を遡っていくことになる。その結果、一九八四年に刊行される『性の歴史』の第二巻および第三巻、そして二〇一八年にようやく世に出る第四巻は、コレージュ講義の展開を反映しつつ、当初の構想とは全く異なるかたちで姿を現す。すなわち、もはや権力のメカニズムとの関連においてではなく、自己の自己との関係という新たな問題設定のもとで、古典期ギリシアからキリスト教初期にかけての性の問題化が扱われることになるのである。

権力から自己との関係へ、古典主義時代以降の西洋から古代世界へという、問題設定および研究領域にもたらされたこの新たな移動を、いったいどのように考えればよいのだろうか。そしてこの新たな軸のもとで展開されるのは、いったいどのような探究なのだろうか。こうした問いを掲げつつ、この章では以下の順序で考察を進めていく。まず、フーコーの研究に大きな方向転換を生じさせたのは何か、そしてそこには何が含意されているのかということを、とくに『快楽の活用』におけるフーコー自身の言葉に耳を傾けつつ見極める。次に、『性の歴史』の続巻が、古代世界における性の問題化に関して実際にどのような考察を展開しているのかを確認する。そして最後に、そのように新たに開かれたにもかかわらずフーコーの死とともに終わりを迎えてしまう研究が、いかなる射程を持ち、いかなる方向を目指していたのかということについて、とくに八〇年代のコレージュ・ド・フランス講義を手がかりとして検討する。

1　フーコーの哲学

欲望の解釈学

本書第六章において、一九七〇年代初頭のフーコーにおける権力のテーマの浮上について考察した際、そこには、それ以前の彼の研究とのある種の連続性を見いだすことができた。すなわち、知の軸から権力の軸への重心の移動は、ある程度まで、言説の力および言説に作用する力への注目によって生じたということ、いわば言説分析の延長上に権力の問題が現れたということだ。それでは、権力から自己との関係へという、八〇年代に生じる移動についてはどうだろうか。一見すると唐突であるようにも思われ、フーコーにおける主体への回帰や新たな倫理の提唱などという憶測を呼ぶことにもなったその方向転換のうちに、実際には何が見いだされるだろうか。

セクシュアリティの歴史研究をめぐる計画の変更については、『性の歴史』第一巻の八年後に公刊された第二巻『快楽の活用』の序論のうちに、フーコー自身による最も直接的かつ具体的な説明を見いだすことができる。探究を当初の構想とは異なる新たな方向へと導いたものとしてそこに挙げられているのは、西洋において「欲望の解釈学」が作り上げられてきた何世紀にもわたるプロセスを分析する必要性である。

とりわけ個々人が自分自身をセクシュアリティの主体として認めるやり方に注目したとき、「欲望」もしくは「欲望する主体」というテーマがあまりにも広く受容されていることを奇妙に感じたとフーコーは言う。すなわち、自己を欲望の主体として認めつつその欲望を解釈し、それによって自己自身の真理を明るみに出すというテーマが、性に関する古典的な理論にもそれに反対する考え方のなかにも同様に見いだされたということだ。そしてそうした欲望の解釈学の企てが長いキリスト教的伝統から受け継がれているらしいということを踏まえつつ、彼は、その企てに関する「歴史的で批判的な」仕事を行わねばならなくなったことを強調する。すなわち、「近代の個人がどのようにして自分自身を一つの「セクシュアリティ」の主体として経験できたのかを理解するためには、あらかじめ、西洋の人間が何世紀ものあいだに自分を欲望の主体と認めるようになったその仕方を解明することが不可欠であった」、と。[1]

歴史的遡行

前章で見たとおり、『知への意志』は、性の言説化の実践がキリスト教の告解の長い伝統に由来するものであることを指摘していた。すなわち、自分の欲望のすべてを告白しなければならないという、非常に古い時代の修道制においてすでに形成され、十七世紀になってすべてのよきキリスト教徒のためのものとなった原則が、十八世紀に現れた権力のメカニズムのなかで引き継がれ、強化されたのだ、と。そして当初の『性の歴史』出版計画によれば、『肉と身体』と題された第二巻において、肉欲の告白に関するキリスト教の教説および実践に関する歴史的調査が、いわば権力分析の準備作業のようなものとして行われることになっていたのだった。しかし、そこで掲げられていたのがトリエント公会議以後のカトリックの司牧神学と悔悛の秘跡の発展に関する分析であったのに対し、フーコーは非常に早くから、キリスト教に関する歴史研究を、当初の計画の範囲を大きく超えて進めていくことになる。そのことをはっきりとしたやり方でしるしづけているのが、一九七七―一九七八年度講義『安全・領土・人口』である。

とくに一九七八年二月に行われた一連の講義において、フーコーは、司牧神学および司牧権力に関する考察を行いつつ、三世紀から四世紀にかけてのキリスト教の文献を扱っている。つまり、依然として権力の問題との関連においてではあるにせよ、ここですでに、対抗宗教改革よりもはるかに古い時代への遡行がなされているということだ。実際、ヨアンネス・クリュソストモス、アンブロシウス、キュプリアヌス、さらにはカッシアヌス、ヒエロニュムスといった、そこで挙げられている教父たちの名前は、まさしく、一九七九―一九八〇年度講義『生者たちの統治』においてて、さらには『性の歴史』第四巻『肉の告白』において、自己が自己に関して真理を語るという実践についての考察が行われる際に、再び見いだされるものである。そしてこれに加えて指摘しておかねばならないのは、キリスト教における自己の放棄や服従、さらには良心の指導といった、後のフーコーの研究において中心に据えられるテーマが、一九七八年の講義のなかに、やはり統治の問題の枠組みのなかでとらえられているとはいえ、すでに姿を現しているということである。したがって、キリスト教に関する歴史的探査のなかでフーコーは、『知への意志』の刊行からさほど間を置かずして、大きく時代を遡り、新たな研究に着手しようとしていた、とまでは言えないとしても、少なくとも、そのための材料を少なからず手に入れていたと考えてよいだろう。

以上のとおり、フーコーの研究は、計画されていたものよりも古い時代のキリスト教へと導かれることになるわけだが、しかしそれだけにはとどまらない。すでに触れておいたとおり、キリスト教初期を扱った『生者たちの統治』の後、フーコーは、その後の一連のコレージュ講義において、キリスト教に先在しそれとのあいだに複雑な関係を持つものとしての異教の哲学を検討すべく、ローマ帝政期へ、そしてそこからさらに古典期ギリシアへと、一歩また一歩と時代を遡ることになる。そしてそうした探究のなかで次第にはっきりとした輪郭を表してくるのが、「自己の技術」をめぐる問題、すなわち、自己にはたらきかけて自己を変容させるための技術が古代世界においてどのように練り上げられてきたのかという問題なのだ。そうしたなかで、セクシュアリティに関する歴史研究が、当初の計画とは抜本的に異なるやり方で再編成されることになる。『性の歴史』の続巻は、もはや十八世紀以降の権力関係のなかで発展したセクシュアリティの装置を扱うものとしてではなく、古代世界における自己の自己に対する実践の変化のなかで欲望の解釈学が形成されるに至るプロセスを扱うものとして姿を現すのである。

好奇心

初期キリスト教へ、そして古代ギリシア・ローマへという歴史的遡行を、欲望する主体に関する系譜学的探究の必要性によってもたらされたものとして説明する、その一方で、フーコーは、そうした必要性が生じたからといって、当初の計画どおりに研究を進めるという選択肢がなかったわけではないということを、やはり『快楽の活用』の序論のなかで述べている。すなわち、研究全体を再構成する代わりに、最初の計画をそのままに保った上で、欲望する主体に関する簡潔な史的検討を伴わせるというやり方もあった、と。しかし彼は結局、あえてそれまで慣れ親しんできた時代から大きく隔たった時代へと遡り、すべてを最初からやり直すことになる。確認してきたとおり、六〇年代そして七〇年代の彼の探究は、十八世紀末の知および権力をめぐる大変動に照準を定めて展開されてきたのであり、そこから遠ざかることは、彼にとって大きな危険を伴う作業であった。そうした危険にもかかわらず、新たな道を選ぶべくフーコーを動機づけたもの、それが、彼の言う「好奇心」である。

フーコーによれば、「好奇心」とは、「自分自身から離脱することを可能にしてくれる」もののことである。つまりそれは、執拗に知識の獲得を目指すものではなく、自分がいつもとは異なるやり方で思考したり知覚したりできないだろうかと問うものであるということだ。そしてまさしくそのような「思考の思考自身に対する批判作業」こそが、今日において価値を持ちうる哲学的活動なのだとフーコーは言う。「別のやり方で思考することがどのようにしてそしてどこまで可能であるかを知ろうと企てること」、これこそ、思考における「自己の鍛錬」としての哲学の任務なのだ、と。(2)

ところで、研究の根本的な転回を決定づけたものとしての「好奇心」に関する以上のような記述は、逆説的ながら、フーコーにおける一つの一貫性を明らかなやり方で示してくれる。実際、すでに見てきたとおり、ここで「好奇心」によって導かれるものとして語られている自分自身からの離脱という企てこそ、六〇年代の「考古学的」研究を貫いていたものであり、さらに七〇年代には権力の戦略に対する抵抗のあり方として掲げられていたものに他ならない。そしてそれに加えて、フーコーの歴史研究にとっての問題が、「自分自身の歴史を思考する作業が、どこまで、思考をそれがひそかに思考しているものから解放し、別の仕方で思考することを可能にすることができるのかを知ること」であったということ、(3)さらには、さまざまな場所で繰り返し述べられているとおり、彼の研究は何より自分自身を変えることをその目的とするものであったということを考え合わせるとき[4]、自分自身から身を引き離そうというこの絶え間のない努力こそ、フーコーにおける最もフーコー的なもののうちの一つとして価値づけられうるものであると言えるだろう。

人間、主体、真理

そして、『性の歴史』の計画変更というかたちでのそうした新たな離脱は、フーコーにおけるもう一つの一貫性をあらためて際立たせることにもなる。『快楽の活用』の序論において、フーコーは実際、古典主義時代以降の西洋という慣れ親しんだ地平から遠く離れ、研究を新たなやり方で再開することによって、長年にわたって自分が練り上げてきた問いをあらためて綿密に検討し直すことになったように思われる、と述べている。長年にわたって彼が練り上げてきた問い、とはすなわち、「いかなる真理のゲームを通じて、人間は自分自身の存在を思考することに専心するのか」という問いである[5]。つまり、いかなる真理の産出の規則に従って、人間は自らを狂気の主体、非行性の主体、さらには欲望の主体などとして構成するのかということだ。人間、主体、真理。繰り返し確認してきたとおり、これらのあいだの関係こそまさしく、六〇年代においては諸科学の歴史的形成に関する問いかけを通じて、七〇年代においては権力関係の分析を通じて、フーコーが絶えず問題化してきたものである。人間はどのようにして自らを真理に結びつけ、どのようにして自らを種々の主体として構成してきたのか。こうした問いが、今度は、古代世界における自己の技術をめぐって提出されることになる。自己の自己に対する関係が異教的なものからキリスト教的なものへと変容するなかで、人々はどのようにして自分自身にはたらきかけ、自分自身と真理との関係を変容させて、自分自身をどのように主体化してきたのかと問われることになるのである。

以上のとおり、自らの「好奇心」に導かれ、主体と真理との関係をめぐる考察を新たなかたちで継続しつつ、フーコーは、『知への意志』において提示されていた研究計画を放棄し、古代ギリシア・ローマから初期キリスト教に至るまでに欲望の解釈学がどのようにして形成されたのかという問題を扱うことになる。それでは、古代世界を扱うその新たな『性の歴史』はどのようなものとなるのだろうか。権力の軸ではなく、自己の自己との関係の軸において、いかなる分析がなされることになるのか。そしてそうした探究は、主体と真理との関係をめぐるどのような考察へと導かれることになるのだろうか。

2 快楽から欲望へ

異教の性、キリスト教の性

自らの欲望を狩り出してそれを解釈しなければならないという原則の歴史的形成について分析するために、フーコーは、『性の歴史』の続巻を、古い時代へと順に遡っていったコレージュ講義の道程を逆向きに並べ直したものとして再構成する。すなわち、第二巻『快楽の活用』では紀元前四世紀の古典期ギリシアが、第三巻『自己への配慮』では西暦の最初の二つの世紀におけるギリシアおよびローマが、そして第四巻『肉の告白』では二世紀から五世紀にかけてのキリスト教が扱われるのである[6]。

この新たな研究のなかでフーコーが繰り返し強調すること、それは、古代ギリシア・ローマからキリスト教初期にかけて、性に関する規範に一定の連続性が認められる、その一方で、性を問題化するやり方には根本的な変化が見いだされるということである。

古代の性倫理に関しては、従来、次のように考えられていたという。すなわち、古代ギリシアが性に関して自由奔放であったのに対し、紀元一世紀および二世紀の性をめぐる哲学的反省は、その厳格さという点において古い伝統とほとんど完全に袂を分かつとともに、来るべきキリスト教的な性道徳を準備することになったのだ、と。これに対してフーコーは以下のように異論を唱える。まず、古典期ギリシアにおいてすでに、ローマ帝政期の哲学およびキリスト教と同様、性に対してある程度まで厳格な態度がとられていたということ。次に、それでもやはり、紀元一世紀および二世紀の哲学には、性に関する伝統的な考え方との関係においていくつもの変容が見いだされるということ。そして最後に、キリスト教道徳と異教の哲学とのあいだには、形態上の近接にもかかわらず実際には決定的な差異があるということ。要するに、初期キリスト教において欲望の解釈学が形成されるに至るまでに、性の問題を扱うやり方にいくつかの重要かつ根本的な変化が起こったということであり、それがどのようなものであったのかということが、三つの巻において順に問われるのである。

生存の美学

第二巻『快楽の活用』において、古典期ギリシアにおける性の活動に関してまず示されるのは、それが決して全面的に自由奔放なものであったわけではなく、一定の節度を要請するものであったということである。そうした節制の必要性をもたらしたものとして、フーコーは、身体、結婚生活、少年愛のそれぞれに関して当時なされた考察を挙げる。まず身体に関しては、性の活動はそれ自体として危険で犠牲を伴うものであるとされ、それに制限を加えることが推奨される。次に結婚生活に関しては、夫婦間以外での快楽を絶つべきであるという考え方が見いだされる。そして最後に少年愛に関しては、成人男性における少年との肉体関係の断念という主題が知られている。したがって、性をめぐる古代ギリシアの思考を、「「性的自由」の実践に対して「寛容な」異教的思考[7]」として特徴づけようとするのは誤りであることになろう。ギリシア人にとって、性行動はすでに、「道徳上の賭金[8]」として価値づけられていたのである。

とはいえ、紀元前四世紀のギリシアに見いだされるそうした節制の原則を、後の性道徳を先取りするものとみなしつつ、両者のあいだの連続性を安易に打ち立てようとしてもなるまい。というのも、ギリシアにおいて性行動に課された厳格さは、万人にとっての「普遍的な掟」ではなく、自分自身の生を美しいものにしたいと望む少数の人々にとっての「行為の様式化の原則」であったからだ[9]。つまりそこで問題となっていたのは、自由な成人男性が、欲望や快楽に支配されず逆にそれを支配することで、自己を完璧に統御すること、そしてそれによって、他者に対して支配力を行使する力が自分に備わっているのを示すことだったのである。実際、過度の性行為を避けるのは、自分の身体に十分な配慮を行うためであり、妻以外の女性と交わらないようにするのは、自分自身を統御することで妻に対する支配を確保するためであり、少年愛における肉体関係の断念を理想とするのは、相手の少年の将来の地位に対して敬意を払うとともに、それによって至上の精神的価値をそこに付与するためであった。要するに、ギリシア人にとって、性に関する節制は、「自己統御のなかでかたちをなす自由の行使」として、一つの「生存の美学」を実践に移すことだったのである[10]。

では、性をめぐる以上のようなギリシア的性倫理に対し、ローマ帝政期の哲学者はどのような新しさをもたらすことになるのか。そしてそれは、いかなる点において、キリスト教的道徳とは遠く隔たったままであるのか。

自己への専心

第三巻『自己への配慮』によれば、紀元一世紀および二世紀に性をめぐって行われた道徳的考察を一見して明白なやり方で特徴づけるのは、厳格さの一層の強化である。すなわち、身体、夫婦関係、少年愛をめぐる実践のそれぞれにおいて、古典期ギリシアに認められたものよりもさらに厳しい節制が求められるようになるということだ。とはいえこれを、伝統的な教えをただ単に強化しただけであるとみなすのは誤りであるとフーコーは言う。身体に関しては、性の実践が病と結びつけられることで一層の不安がかき立てられるとともに、性行為がもたらす影響に大きな注意が払われるようになる。また、夫婦関係に関しては、夫の支配力ばかりでなく、両者の絆の性質やそこから生じる相互的義務が問題とされるようになる。そして少年愛に関しては、かつてそれに与えられていた至上の価値が剝奪されることになる。つまり、三つの実践の問題化の仕方にいくつもの変容が見いだされるということであり、その背景にあるものとして標定されるのが、「自己への配慮を中心に据える生存の技法の発達」である。[11] 自己に専心すべしという原則、後でとり上げ直すとおりギリシア文化のなかでとりわけソクラテスによって練り上げられたこの原則が、ローマ帝政期になると、当初の哲学的な枠組みから切り離され、当時の社会においてかなり一般的な拡がりを獲得する。その原則のもとで、自己をめぐるさまざまな問題、すなわち、自己の依存と独立、自己と他者との絆、自己による自己の管理、自己の自己に対する完全な主権などといった問題が、極めて重要なものとなるのである。そしてそこから、性の実践に対しても、より積極的な注意が払われるようになるのと同時に、それに対する不安が増大することになる。性的活動の身体への影響、夫婦生活のなかでのその役割、少年との関係におけるその価値とその困難に対してより大きな関心が生じるとともに、まさにそのことによって、性的活動は、自己が自己とのあいだに打ち立てようとしている関係にとって極めて危険なもの、厳重な警戒や管理の必要なものとして現れるのである。

このように、ローマ帝政期の性の問題化は、確かに、古典期ギリシアに見いだされたようなものとしての「行為の様式化の原則」との差異を示している。しかし、だからといってそれが後のキリスト教的性道徳を先取りしているというわけではない。というのも、あくまでも問題は、ギリシアにおいてと同様、性的快楽に対してどのように対処するかということであり、自分自身の欲望を解読しようとすることではないからだ。つまり、自由の実践としての生存の美学を練り上げるにせよ、自己の自己に対する完璧な支配を打ち立てようとするにせよ、要請されているのは、性的実践に身を委ねるやり方を練り上げることであり、自分自身の奥深くに潜む逆らいがたい力を不断に探査することではないということだ。古典期ギリシアおよびローマ帝政期においては、性的活動に対する厳格な態度がすでに見いだされる一方で、欲望の解釈学と呼べるようなものは徹底して不在だったのである。では、キリスト教においてはどのようにして、もはや快楽の使用ではなく欲望の解読が問題となるのか。これが、第四巻『肉の告白』に委ねられた問いである。

欲望と主体

キリスト教の性道徳が、異教の性倫理に新たな意味を加えたということ、ただし自分自身の性的欲望を解読するという義務を最初から課していたわけではないということを指摘した後で、

『肉の告白』は、二世紀から五世紀にかけてそこにどのような変化が生じたのかということに関する考察を展開していく。[12] そしてそうした考察のなかで中心的に扱われるのが、処女・童貞性と結婚という、初期キリスト教にとっての二つの主要な問題をめぐる文献である。それらの問題を扱うやり方の歴史的変容を辿りながら、フーコーは、欲望の解釈学がキリスト教にとって本質的なものとなるに至る契機を、四世紀から五世紀にかけての教父たちの言葉のなかに標定しようとする。

まず、処女・童貞性、すなわち完全なる禁欲をめぐる考察に関しては、東方の修道制を西洋に伝えたことで知られるカッシアヌスの言説のうちに、重要な転機が見いだされる。修道生活において、心身の絶対的な穏やかさとしての貞潔という状態を得るための闘いがどのようなものとなるべきかを問題にしつつ、カッシアヌスは、姦淫の罪の重点を、二人の個人のあいだの関係にではなく、一人の個人の身体および魂に置く。すなわち、性をめぐる悪徳は、両性のあいだの交わりそのものよりもはるかに、孤独のもとで起こる遺精と、とりわけそこに導く思考の動きに存するとみなされるということだ。したがって、貞潔の闘いにとっての問題は、「自分の意志が、身体から魂へ、魂から身体へと赴くその動きに決して巻き込まれるままにならぬようにすること」となる。[13] 不浄をもたらすおそれのあるもののすべてから、自らの意志を引き離すことが必要とされるのだ。そしてそのためには、「自分の身体ないし自分の魂において生じうるほんの些細な動き」に関しても、自分自身に対して「絶え間のない警戒状態に」とどまらねばならない。[14] 貞潔を守るには、昼夜を問わず自分自身の身体と魂を監視し、自身を誘惑しようとする敵をそこに識別してそれを追い立てることが不可欠であるということ。そして闘うべきその敵こそ、情欲に他ならない。カッシアヌスにとっての貞潔の闘いとは、自身のうちに身を潜める他者としての欲望に対し、終わりのない闘いを挑むことなのだ。問題は、もはや許されざる行為ないし関係を差し控えることではなく、自身にとっての敵としての欲望を不断に警戒し、分析して狩り出すこととなるのである(15)。

次に、結婚についての新たな考えを提示したものとして扱われるのが、アウグスティヌスのテクストである。結婚における身体の結合が本来的な悪ではないことを示すために、アウグスティヌスは以下のような聖書釈義を提示する。男女間の性的関係は堕罪以前からすでに可能であったということ。ただしそこにおいて行為は完全に意志による統御によってなされたはずであり、男性器はいわば種をまく手のようなものであったということ。しかし堕罪とともに、自分自身の身体および魂のなかに、自分の意志の自由にならぬもの、非意志的なものが侵入するのであり、それによって性行為が恥ずべきものとなるということ。そして、神の意志への反抗に対する罰のようなものとして人間に課されるその非意志的なもの、それが、アウグスティヌスの言う「リビドー」すなわち情欲なのだ。ただしこの情欲は、カッシアヌスの場合とは異なり、意志にとっての他者ではなく、「意志それ自身に属する非意志的なもの(16)」である。というのも、情欲は、意志の支配を免れるものであると同時に、最初の二人の人間の自由な意志によってもたらされたものでもあるからだ。つまりそれは、「神に背を向けながら自分自身に執着してそこに喜びを見いだす魂の動き」のうちに起源を持つものである以上、人間の意志と根源的に不可分のものであるということだ[17]。ここから、性に関する西洋の思考にとっての重大な帰結が生じることになるとフーコーは言う。意志とは「魂を一つの主体となすもの[18]」であり、情欲がその意志と切り離しえぬものであるとするなら、性と主体の構造とのあいだには根本的かつ不可分の結びつきがあることになる。「主体としての人間がそうであるところのものの真理は、あらゆる性行為が従う形式そのもののなかに現出する」ということ[19]。性的欲望の真理が、人間主体の真理を明るみに出すための手がかりとして役立ちうるものとなるということだ。自らの欲望に問いかけることで自らの真理を解読しようという企ての可能性が、ここに開かれることになるのである[20]。

欲望が不断の警戒および分析の対象とされ、欲望の真理こそが主体の真理を明かすものとみなされるということ。『快楽の活用』と『自己への配慮』において、性的欲望の問題化が異教の哲学にとっては完全に無縁のものであったことを示した後、『肉の告白』においてフーコーは、キリスト教においても当初は不在であった欲望の解釈学という企てが、四世紀から五世紀にかけての教父たちの言説のなかでその輪郭を現すさまを描き出す。性行為が「もはや快楽と関係を中心としてではなく、欲望と主体を中心として」考えられるようになり、「情欲の主体の分析論」と呼びうるようなものがそこに構成されるに至るということ[21]。「西洋の人間が何世紀ものあいだに自分を欲望の主体と認めるようになったその仕方を解明する」という、新たな『性の歴史』の目標が、こうしてひとまず果たされるのである。

ひとまず、というのも、そもそもフーコーが時代を大きく遡り、欲望の主体の系譜を辿ることになったのは、「近代の個人がどのようにして自分自身を一つの「セクシュアリティ」の主体として経験できたのかを理解するため」であったからだ。つまり、古代世界の探索は、それ自身で完結するものとしてではなく、近代的な性の経験に関する研究によって引き継がれるべきものとして行われたということだ。[22]しかしフーコーは、性に関する歴史的考察を継続すべくかつて自身が慣れ親しんだ時代へと立ち戻ろうとする代わりに、古代世界にとどまりつつ、欲望する主体の系譜を辿るなかでいわばその背景として見いだされたものの探査に多くの時間を割くことになる。すなわち、『性の歴史』の執筆の傍らで、異教文化からキリスト教文化に至るまでの自己の技術の変容というより一般的な問題に焦点を定めた探究が行われるのである。

3　主体と真理

自己の技術の一般史

『性の歴史』が、より大きな広がりを持つ探究の一部として位置づけ直されることについて、フーコーはそれを、やはり『快楽の活用』の序論において明言している。すなわち、古代世界における性の問題化に関する研究は、「「自己の技術」の一般史」の最初の数章のうちの一つとみなされうる、と。[23]そして実際、とりわけ八〇年代の彼のコレージュ・ド・フランス講義において粗削りなやり方で展開されるのが、そうした一般史研究である。初期キリスト教から古代ギリシアへ一歩また一歩と時代を遡りながら、フーコーはそこで、自己の自己に対する実践の歴史的変容をめぐる探究を、性という特殊な問題に対して一定の距離を保ちつつ試みているのだ。そしてそのような探究のなかで主要な論点として浮上するのが、まさしく、主体と真理との関係である。主体が自分自身に関する真理を探るという、デルポイの格言からキリスト教的な欲望の解釈学を経て現在に至るまで執拗に存続しているかのようにも思われる企てを、自己の技術の歴史的変遷との関連においてどのように考えればよいかということが、中心的な問題として扱われるのである。

そこで以下、古典期ギリシアからキリスト教初期に至るまでの自己の技術の一般史がフーコーによってどのように粗描されているのか、そして主体と真理との結びつきをめぐる問題がどのようなやり方で扱われているのかということについて、コレージュ講義、さらには、まさしく「自己の技術」と題されて発表されたヴァーモント大学における講演の記録[24]を参照しつつ、考察を試みてみよう。

自己への配慮と自己認識

まず、古典期ギリシアについて。ギリシアにおいて、というよりもむしろ西洋の哲学史全体において、「主体と真理の関係という問題を創設した定式」と通常みなされているのが、「汝自身を知れ」という格言である。[25]しかし実際には、デルポイの神殿の入口に掲げられていたその格言は、自己認識を命じるものではなく、ただ単に、神の前では人間としての身の程をわきまえよ、あるいは、神託を伺う際には自分が尋ねる内容を自分のなかでよく吟味せよ、などという意味を持っていたにすぎないという。そしてそれに加えてフーコーが強調するのは、「汝自身を知れ」という命令が常に、「自己への配慮」というより根本的な原則に結びつけられたかたちで現れるということであり、そのことが明示的に見いだされるテクストとして、彼はプラトンの対話篇『アルキビアデス』を挙げる。これから政治生活を開始しようとしている若者アルキビアデスとの対話において、ソクラテスは、他者に対して支配力を行使したいと望むのであればまず自分自身に配慮せよ、と説く。そしてその問答法の展開のなかで、では配慮するとはどういうことか、また配慮すべきその自分自身とはいったい何か、という問いへと導かれて、最終的に、自己への配慮は魂としての自己の本性そのものを知ることに帰着させられる。つまり、自己認識こそが、自己への配慮の完成した形式とみなされるのである。

したがって『アルキビアデス』には確かに、「汝自身を知れ」の特権化を認めることができる。とはいえ、ここで問題になっているのは決して、自己自身に固有の真理を解読することではない。そうではなくて、プラトンにおいて「魂に固有の本質の把握」が開示してくれるのは、「魂が記憶の底で知っていたこと」である。[26]つまり問題は、魂が天上において神々とともに観照したイデア的実在を、記憶の底から呼び起こすことなのだ。いずれにしても、ギリシア人が自己に対してはたらきかけようとする際、「汝自身を知れ」という命令は常に自己への配慮という主題を背景として登場するのであり、両者を分離して考えてはならないということ、両者のあいだには複雑な絡み合いがあるということを、フーコーは示すのである。

自己の統御と真理の同化

次に、ローマ帝政期に関して。すでに見たとおり、この時代になると、自己への配慮が一般化され、強化されて、いわば自己目的化されることになる。つまり、もはや他者に対して支配力を行使することができるようになるための条件として自己への気遣いが要請されるのではなく、もっぱら自己自身のために、自己に専心しなければならなくなるということだ。そしてこうした自分自身への方向転換、自己への「立ち返り」(27)とともに、主体と真理とのあいだに新たな関係が結ばれることになる。主体にとって真理とはもはや、自らの魂がかつて知っていたはずのものではない。真理は以後、自分の外から獲得し、同化して、自らの行動の規則とすべきもの、そしてそうすることによって完全な自己統御のために役立てるべきものとなるのである。

ここから、いくつかの実践が、とりわけストア派を中心として生まれることになる。まず、真理を獲得するために師の言葉に耳を傾けること。真理とはもはや対話のなかで思い出すべきものではなく、沈黙のもとで聴き取るべきものであるということだ。次に、「修練」と呼ばれる実践。これは、師の言葉や読書などによって学んだ真理を主体化すること、つまり、「真理が自己自身の一部となるまで、そして内的で恒常的で常に活動しているような行動原理になるまで、それを同化する」ことを目指す訓練である。[28] そして最後に、「自己の検討」ないし「良心の検討」。これは、セネカやマルクス・アウレリウスのテクストが示しているとおり、自分の一日の行動を思い出し、それがしかるべき規則に従ってなされたかどうかを検討して、忘却されてしまっていた行動の規則を、その規則を基礎づけるべき真理とともに呼び覚ますことを目的とする。したがって、問題はもはや、記憶の底から真理を呼び戻すことではない。とはいえ、自己自身の奥深くに潜む真理を明るみに出すべく絶え間のない解釈が要請されるようになるというわけでもない。自己の自己に対する完全な支配を打ち立てるために必要とされること、それは、「主体が知らなかった真理、主体のうちにはなかった真理を、主体に備えさせること」[29]、そしてそのようにして手に入れた真理を日々思い起こし、絶えず活性化し直すことなのである。

自己の放棄

最後に、キリスト教初期について。自己を客体化しつつ自己の真理を解読するという任務が、ここで初めて登場することになる。フーコーは、「自己自身の奥底に隠された真理の言語的な現出化」[30] を整備したのが四世紀以降の修道制であることを、ここでもやはりカッシアヌスのテクストを手がかりにしつつ示そうとする。そうした自己の真理の言語化が行われるのは、まさしく、自己の検討ないし良心の検討と呼ばれる実践においてである。とはいえ、ここで行われる検討は、ストア派において実践されていたものとは大きく異なる。キリスト教の修道生活において問題となるのは、もはや一日の過ぎ去った行動を調べ上げることではなく、「思考をまさにそれが現れる瞬間にとらえること」である。[31] 指導者に対する絶対的服従のもとで、神の永続的観想を目標としつつ、「自分を神へと導く思考と、自分を神から逸脱させる思考とを、絶え間なく識別すること」が必要となるのである。[32]

自分の意識に現れてくる思考のすべてを検証し、そこに隠されているものを狩り出して、それが魂の不浄とのあいだにどのような関係を持っているのかを、指導者の助力のもとで解読すること。そのような解釈学的義務の根底にあるもの、それが、自己に対する根本的な不信である。「我々は常に我々自身に関する錯覚のなかで生きている」ということ。[33] 我々のうちには我々を神から逸脱させかねない何かが潜んでいる、したがってその秘められた悪を狩り出し、追放することによって初めて、神の観想のために十分なほど自分の心を清めることができるだろう、というわけだ。自分自身の思考を精査し、そこに隠されている罪深い真理を、もっぱらそれを廃棄するために言葉によって現出させようとする任務、ただし錯覚が必然的なものである以上決して完全に果たされることのないその任務はもちろん、もはや自己の自己自身による完全なる支配を目標とするものではない。修道制のなかで開始される自己の解釈学が目指すもの、それは逆に、自己の放棄である。「自分が何であるかを知ろうと思い、自分が何であるかを真理として生産しなければならないのは、自分自身がそうであるものを放棄すべきだから」であるということ。[34] 自己の思考を言語化しつつ、自分自身を完全に捨て去って全面的な服従に身を委ねることが、修道生活の義務および目標として課されるのである。

自己への配慮、自己の統御、自己の放棄。自分自身のうちに思い出すべきものとしての真理、外から学び同化すべきものとしての真理、自分自身の奥底から狩り出すべきものとしての真理。古代ギリシア・ローマからキリスト教初期にかけて自己の自己に対するかかわり方がどのように変化し、それとともに主体と真理との関係がどのように変容していったのかということを、フーコーは、自己の技術一般にかかわる研究のなかで粗描しているのである。

ところで、キリスト教的な自己の解釈学に見いだされたようなものとしての主体と真理との関係については、これを以前のフーコーの探究によってもたらされた成果と照らし合わせてみると き、次のような問いを提出せずに済ますわけにはいくまい。すなわち、自分自身の奥底に隠された真理を明るみに出すために、決して果たされることのない務めに身を委ねるという、四世紀のキリスト教に出現したとされる解釈学的企てと、フーコーが近代以降の西洋に標定していた任務、人間から絶えず逃れ去る人間固有の真理を自らに回収しようという終わりのない任務とのあいだに、いかなる関係を見いだすことができるだろうか、と。十八世紀の末に登場したものとして標定された「人間」をめぐる探究と、一見するとそれをはるか以前にすでに先取りしていたかのようにも思われるキリスト教的な自己の解読との関連については、ヴァーモント大学での講演「自己の技法」の末尾に、フーコー自身による短い言及を見いだすことができる。すなわち、十八世紀以降の「人間諸科学」は、自己を言語によって開示すべく練り上げられたキリスト教的技法を、「主体が自分自身を放棄するための道具ではなく、新たな主体を構成するための積極的な道具」としたのだ、と。[35] しかし、この点に関してもフーコーは、近代的な主体性の出現という問題を自己の解釈学に関する考察から出発してとり上げ直そうとする代わりに、古代世界の探索を継続することになる。自己の技術の歴史的変容をひととおり粗描した後、彼は、その最晩年の研究において、今度は「パレーシア」という概念に焦点を定めつつ、古典期ギリシアからキリスト教初期に至るまでの時代をあらためて辿り直そうとするのである。

パレーシア

「パレーシア」とは、「率直な語り」という意味を持つギリシア語である。語源的に「すべてを語ること」を意味し、古代ギリシアからキリスト教初期にかけて大きく変遷したとされるこのパレーシア概念は、一九八一―一九八二年度のコレージュ講義『主体の解釈学』で初めて登場し、翌年度の『自己と他者の統治』および翌々年度の『真理の勇気』では中心的主題として扱われることになる。自分がどのような経路を辿ってパレーシアという概念に到達したのかということに関して、フーコーは、八四年の初回講義において明瞭なやり方で語っている。彼によれば、主体が自己自身に関して真理を語るという実践についての探究を進めていくなかで、そうした実践が、「それに耳を傾ける他者の現前を拠り所とし、それに助けを求めてきた」ことが明らかになってきたという[36]。そしてそのように補助者ないしパートナーの役割を果たすことができるとみなされるのは、ある種の資格を持つ者に限られていたのであり、その資格こそがまさしく、勇気をもって率直に語ることとしてのパレーシアだったのだ、と。要するにパレーシアはこのように、やはり主体と真理との関係をめぐる探究に直接かかわるものとしてフーコーのもとに現れるのである。

このパレーシアについて、フーコーは、『自己と他者の統治』においてまず政治的実践との関連においてそれを分析し、次いで『真理の勇気』においては個人の魂を標的とする倫理的パレーシアを扱う。古代ギリシアの民主政において市民の特権とされていたパレーシアが、どのようにして、一人ひとりの存在の仕方の変容を目指すものとなったのか、そしてそこからどのようにして「自己への配慮」を根本的テーマとする哲学的パレーシアがソクラテスによって創設されたのかについて考察した後、フーコーはとりわけ、キュニコス主義的パレーシアに関する検討に長い時間を割くことになる。社会的規範を軽視しつつ、自然に従う「犬のような生（キュニコス・ビオス）」を送ったことで知られるキュニコス派を、そのスキャンダラスな生そのものによって「真理の証言」を率直なやり方で差し出すものとして特徴づけながら[37]、フーコーが強調するのは、そのキュニコス主義的パレーシアの分析によって、ギリシア・ローマ的なものとキリスト教的なものとの関係をあらためて問い直すことが可能になるということである。つまり、キュニコス主義は、一方においてソクラテス的な自己への配慮を相続するものであると同時に、他方においてはキリスト教的な忍耐や禁欲をすでに幾分含意するものでもあることによって、一方から他方への移行がどのようにして起こるのかを考える材料を提供してくれるということだ。

古代世界における自己の技術および主体と真理との関係の変遷を探究するなかで、フーコーが明らかにしたのは、異教における自己への配慮ないし自己の統御の原則と、キリスト教における自己の放棄と他者への服従という原則とのあいだに、一見して乗り越えがたい断絶があるということであった。そのような根本的対立が見いだされたところに、キュニコス主義的パレーシアに関する分析は、中間的ないし媒介的形象があったことを示唆してくれる。異教的な実践とキリスト教的な実践とのあいだの連続性と差異が、キュニコス主義の分析を介してあらためて問い直されることになるのだ。そして実際、一九八四年三月二十八日に行われた最終回の講義では、キュニコス主義的修練からキリスト教的修徳への移行についての研究が、まさしくパレーシアの語義の変化を手がかりとしつつ今後なされるべきものとして予告されることになる。要するにフーコーは、その死の直前まで古代世界にとどまりつつ、自己の技術および主体と真理との関係をめぐる系譜学的探究を、パレーシアに関する分析を手がかりとして継続しようとしていたのである。

一九八〇年代のフーコーは、以上のとおり、欲望の解釈学が形成されるまでの系譜を辿るというかたちで性に関する歴史研究を再編成する一方、そこから古代世界における自己の技術の変容という問題へと導かれることになる。性的欲望の真理を主体の真理を明かすものとして価値づける可能性がどのようにして開かれたのか。自己と自己との関係が変容するとともに、主体と真理とのかかわり方がどのように変化したのか。フーコー自身が語るとおり、六〇年代から七〇年代に彼が練り上げてきた問い、すなわち主体と真理とが歴史のなかでどのように結びつけられてきたのかという問いが、新たな軸のもとで、以前とは別のやり方で問い直されているのである。

当初の計画とは大きく異なるものとして一九八四年に公刊された『性の歴史』第二巻および第三巻と、同年のフーコーの急逝は、晩年の彼の言説に関していくつかの憶測を生じさせていた。すなわち、第一巻『知への意志』の出版以後、八年間の空白を経て、彼はそれまで忌避していた主体の問題へと立ち戻ることになったのだ、あるいは、彼は古代世界のうちに見いだされた生の技法を現代の我々のための新たな倫理として提示したのだ、と。しかし、生前発表されたすべての論文や対談、コレージュ・ド・フランスでの全講義の記録、さらには『性の歴史』第四巻『肉の告白』までもがついに我々の手に届くものとなり、かつて「空白」とみなされていたものがほぼ満たされた現在、もはやそうした憶測を許容する余地は残されていないだろう。

一方において、フーコーにおける八〇年代の方向転換を、主体への「回帰」などとみなすことはできない。というのも、これまで見てきたとおり、フーコーにとってはまさしく、常に、主体が問題であったからだ。ただしそれはもちろん、彼が主体を、出発点としての絶対的特権を有するものとして扱ってきたということではない。そうではなくて、フーコーが一貫して提出してきたのは、人間はどのようにして自分を主体として構成してきたのか、そしてそれは真理とのどのような関係においてであるか、という問いである。構成的な主体ではなく、歴史のなかで構成されるものとしての主体が、フーコー的探究全体にとっての標的であったということだ。そして他方、生存の美学、自己への配慮、パレーシアなどといった主題は、この章で確認したとおり、欲望の解釈学の成立および自己の技術の変遷をめぐる歴史研究の内部に位置づけられるべきものであり、現在の我々にとっての行動の指針として価値づけられたものではない。そもそも、別の時代に提起された別の問題に対する解決策を、現在の問題の解決のために安易に利用しようとする態度を、フーコーはたびたび厳しく戒めていたのだった[38]。

フーコーの言説のうちに、主体性の支えや倫理的原則を期待しても無駄である。彼の歴史研究が我々に与えてくれるのは、特定の思考や行動のための処方ではなく、「思考をそれがひそかに思考しているものから解放し、別の仕方で思考することを可能にする」ための道具である。その道具をどのように使用するのか、そしてそれによって実際に自分自身からの離脱へと導かれるかどうかは、我々一人ひとりの選択、我々一人ひとりの努力に委ねられているのだ[39]。

第八章・注

(1) UP, p. 741〔一一―一二頁〕

(2) UP, p. 744〔一五―一六頁〕

(3) UP, pp. 744-745〔一六―一七頁〕

(4)「多くの者が、おそらく私のように、もはや顔を持たぬために書いている。私が誰であるかと訊ねないでくれたまえ。私に同じままであり続けるようにと言わないでくれたまえ」（AS, p. 20〔四〇頁〕）。「私は自分自身を変えるために書き、以前と同じことを考えないために書くという意味で実験者なのです」（DE II, p. 861〔Ⅷ 一九四頁〕）。「私の仕事の仕方はあまり変わっていません。ただ、その仕事に対して私が求めていることは、私をさらに変え続けてくれることなのです」（DE II, p. 1001〔Ⅷ 三九八頁〕）。「我々が自分自身と持つべき関係は自己同一性という関係ではなく、差異化、創造、革新という関係であるべきです。常に同じであるというのはとても退屈なことです」（DE II, p. 1558〔X 二六〇頁〕）。

(5) UP, p. 742〔一三頁〕

(6) 著作の執筆および出版の経緯について言えば、まず『肉の告白』が第三巻として書かれ、一九八二年にはすでに出版社に委ねられる。しかしその後、異教文化に関する研究が深められることによって出版計画が変更され、古典期ギリシアを扱った『快楽の活用』と、ローマ帝政期を扱った『自己への配慮』が、それぞれ第二巻、第三巻として、一九八四年に出版されることになる。そしてそれらに続く第四巻として位置づけ直された『肉の告白』もフーコーによる校正作業に委ねられたものの、彼の死によって完遂されぬままに終わってしまう。死後出版の禁止という著者の遺志もあり、この書物は長いあいだ未刊のままにとどまっていたのだが、権利相続者の許可を得て、二〇一八年にようやく公刊された。

(7) UP, p. 952〔三一八頁〕

(8) UP, p. 952〔三一七頁〕

(9) UP, p. 954〔三一九頁〕

(10) UP, p. 819〔一一三頁〕

(11) SS, p. 1179〔三一一頁〕

（12）すでに触れたとおり、『肉の告白』は、二〇一八年に公刊された死後出版の書物である。第二巻、第三巻よりも前に執筆され、著者自身による校正作業が終了しないままの状態で発表されたそのテクストをどのように扱うべきか、それをフーコーの他の著作に対してどのように位置づけるべきかということについては、もちろん議論の余地があるだろう。しかし、我々が彼の死後三〇年以上を経て手にすることのできたテクストは、いったん出版社に委ねられたものであり、したがって単なる遺稿とは異なる。そして、まさしく一九八二年にすでに書かれていたものであるだけに、当時のフーコーの言説に送り返すことのできる部分を少なからず含んでいる。ここでは、この二〇一八年の著作を、それと呼応する彼の晩年のいくつかのテクストを参照しつつ、慎重に読み解いていく。

（13）AC, p. 241.

（14）AC, p. 242.

（15）カッシアヌスの「貞潔の闘い」に関する以上の分析は、執筆中の『肉の告白』からの抜粋として一九八二年に『コミュニカシオン』誌に発表された内容とほぼ同一である（DE II, pp. 1114-1127〔Ⅸ 一〇二―一一七頁〕）。

（16）AC, p. 344.

（17）AC, p. 341.

（18）AC, p. 344.

（19）AC, p. 347.

（20）アウグスティヌスによる「性のリビドー化」についてフーコーは、一九八一年に発表されたテクスト「セクシュアリティと孤独」（邦訳タイトルは「性現象と孤独」）において、カッシアヌスの良心の検討と関連づけながら考察している（DE II, pp. 987-997〔Ⅷ 三八〇―三九二〕）。

（21）AC, p. 361.

（22）フーコーは実際、『肉の告白』のなかで、アウグスティヌスの考え方が「西洋キリスト教の性倫理にとっての恒常的な準拠として役立ってきた」ことを指摘しつつ、それが「次の研究の出発点となるだろう」と語っている（AC, p. 254）。

（23） UP, p. 746〔一八—一九頁〕

（24） 邦訳タイトルは「自己の技法」（DE II, pp. 1602-1632〔X 三一六—三五三頁〕）。ヴァーモント大学において一九八二年十月に行われ、フーコー自身の確認を経て一九八八年にその記録が発表されたこの講演は、「自己の技術」に関してコレージュ講義で行われた研究を、古代ギリシアからキリスト教初期へと時代順に並べ直しつつ要約したものである。

（25） *L'Herméneutique du sujet*, Paris, Gallimard/Seuil, 2001, p. 5〔『主体の解釈学』、廣瀬浩司、原和之訳、筑摩書房、二〇〇四年、五頁〕

（26） *Ibid.*, p. 437〔同書、五一一頁〕

（27） *Ibid.*, p. 199〔同書、二四三頁〕

（28） *Ibid.*, pp. 480-481〔同書、五六〇頁〕

（29） *Ibid.*, p. 481〔同書、五六一—五六二頁〕

（30） *Du Gouvernement des vivants*, Paris, Gallimard/Seuil, 2012, p. 320〔『生者たちの統治』、廣瀬浩司訳、筑摩書房、二〇一五年、三七三頁〕洗礼から悔悛を経て修道制の発達に至るまでを分析した一九七九—一九八〇年度講義の内容は、『肉の告白』第一章においてとり上げ直されている。

（31） *Ibid.*, p. 295〔三四五頁〕

（32） DE II, p. 1629〔X 三四九—三五〇頁〕

（33） DE II, p. 1629〔X 三五〇頁〕

（34） *Du Gouvernement des vivants*, *op. cit.*, p. 303〔『生者たちの統治』、前掲書、三五四頁〕

（35） DE II, p. 1632〔X 三五三頁〕

（36） *Le Courage de la vérité*, *op. cit.*, pp. 6-7〔『真理の勇気』、前掲書、八頁〕

（37）*Ibid*., p. 160〔二一八頁〕

（38）フーコーによる以下の発言を参照。「私は代わりの解決策を探し求めているわけではありません。ある一つの問題の解決策が、異なる人々によって別の時代に提起された別の問題の解決策のなかに見いだされることはありません。私がやりたいと思っているのは、解決策の歴史を書くことではないのです」（DE II, pp. 1430-1431〔X 七三頁〕）。「私は、我々のものとは異なる一つの時代のなかに範例的な価値があるなどとは思っていません……。以前の状態に回帰することが問題ではないのです」（DE II, p. 1433〔X 七七頁〕）。「哲学はあるとき道を誤り何かを忘れてしまったのだ、そして哲学の歴史のどこかに再発見すべき原理や根拠があるのだ、という考えほど、私の考えと無縁なものはありません」（DE II, p. 1542〔X 二三八頁〕）。

（39）選択は一人ひとりに委ねられているということ、自分は解決策を処方しているわけではないということについては、一九七八年末にパリで行われた対談「ミシェル・フーコーとの対話」のなかに明確なやり方で語られている（DE II, pp. 860-914〔Ⅷ 一九三―二六八頁〕）。

終　章　主体性の問題化と自分自身からの離脱

フーコーの研究活動の多様性およびその絶えざる変貌と、そこに標定することのできる一貫性との関係を打ち立てることを目指しつつ、本書では、一九五〇年代から一九八〇年代までの彼の言説を順に検討してきた。

まず、フーコーの前史にあたる五〇年代の彼のテクストのうちに明白なやり方で見いだされたのが、当時のフランスにおいて支配的であった人間学的思考への賛同である。つまり、人間主体をあらゆる探究の出発点であると同時にその特権的な対象でもあるものとみなしつつ、その主体から絶えず逃れ去るものを回収することが、そこでは目指されていたということだ。ところで、まさしくそのようなものとしての人間学的探究こそ、後のフーコー自身によって徹底的に問いに付され、退けられるものに他ならない。すなわち、五〇年代のフーコーが帰属していた思考の地平は、六〇年代以降の彼の歴史研究によって、何よりもまずそこから身を引き離すべきものとしてとり上げ直されるのである。

実際、『狂気の歴史』とともに開始される六〇年代の一連の「考古学的」研究は、人間学的思考の問題化およびそこからの離脱のプロセスとして特徴づけられる。まず、一九六一年の著作は、人間の真理に関する探究との関係において狂気が果たす特異な役割を指摘しつつ、人間は自らに固有の真理を、与えられると同時に隠されたかたちで保持する、という人間学的公準を明るみに出す。かつて絶対的特権を付与されていた人間をめぐる問いかけが、歴史的に構成されたものとしてとり上げ直されるのである。次に、一九六三年の『臨床医学の誕生』は、実証的医学の成立をもたらした新たな可視性の形態に注目し、それを、人間主体と真理との関係一般を変容させた認識論的構造として価値づけようとする。すなわち、見えるものが見えないものによって裏打ちされるというかたちでの可視と不可視との関係が歴史的に成立することによって、人間を逃れ去ると同時に人間を絶えず呼び求めるものとしての真理の存在様態が課されるようになったのだ、と。では、そうした認識論的変容がどのようにして起こったのかということを探るのが、一九六六年の『言葉と物』である。十八世紀末に西洋のエピステーメーに生じた歴史的変換に注目しつつ、フーコーは、可視と不可視、表層と深層、ポジティヴなものとネガティヴなもののあいだの新たな関係がどのように成立したのか、そしてそれとともに、至上の主体であると同時に知の特権的な客体でもあるものとしての「人間」がどのようにして出現したのかを暴き出す。事物が表象の外へと後退するとともに人間の真理が真理のようなものとされるようになるプロセスを分析しながら、彼は、「人間とは何か」という問いをめぐる終わりのない任務、かつて自分自身も専心していたその人間学的任務を、思考を新たな眠りに導くものとして糾弾するに至るのである。そして、自身の歴史研究に関する方法論的考察として一九六九年に著された『知の考古学』において、フーコーは、離脱のプロセスにいわば最後の仕上げを行う。それまでの自らの一連の研究の成果を踏まえながら、歴史の連続性を問いに付し、言説を言説そのもののレヴェルにとどまりながら扱う必要性を強調することで、彼は、自らの「考古学」を、人間学的隷属から解放された歴史研究として打ち立てようとするのである。

このようにかつての自分自身からの離別をひとまず果たした後、七〇年代になると、フーコーの探究のうちに権力というテーマが浮上することになる。ただしそれは、六〇年代の言説分析とは全く別の研究が開始されたということではない。一九七〇年の『言説の領界』に示されているとおり、権力という主題は、言説を排除したり制限したりするための手続きに関する考察のなかで、いわば言説分析の延長上に登場したのであった。そして、当初は言説に対してそのようにもっぱらネガティヴなやり方ではたらくものとして見いだされた権力の作用が、具体的な歴史研究の進展とともに、そのポジティヴな側面に注目すべきものとしてとり上げ直されることになる。一九七五年の『監獄の誕生』および一九七六年の『性の歴史』第一巻『知への意志』において展開されているのは、まさしく、権力の生産的側面に関する考察である。すなわち、一方は身体刑から監獄への刑罰形態の変化を分析することによって、他方は性の言説化をもたらすものとしての「セクシュアリティの装置」を分析することによって、ともに、権力のメカニズムのなかでの知の産出、それもとりわけ人間主体に関する知の産出という効果を明るみに出すのである。六〇年代の言説分析においてエピステーメーの変換によってもたらされたものとされていた人間主体と真理との結びつきが、今度は、とりわけ個人の個人性を産出しつつそれに個人を縛りつけることで自らを強化する権力との関連で、あらためて問い直されるのだ。そしてそのなかで、そうした「従属化」の作用によって自身に与えられた自己同一性を拒絶するという身振りが、権力に対する闘いの一形態として価値づけられることになる。自分自身から身を引き離そうという企てが、抵抗のために有効な手段として提示されるのである。

そして、八〇年代に新たな軸の移動をもたらしたのもやはり、自己からの離脱の努力であり、これについては、フーコー自身によって明示的なやり方で述べられている。すなわち、『性の歴史』に掲げられていた計画を根本的に変更し、全く新たな探究を開始することを選択したのは、自分自身を変えること、別の仕方で考えることを希求するゆえのことである、と。そしてその新たな離脱とともに開始されるのが、まさしく、主体と真理との関係をめぐる新たな探究である。八〇年代のフーコーは、十八世紀以降の西洋から古代ギリシア・ローマへと研究領域を大きく移動させながら、やはり人間主体が歴史のなかで真理にどのようなやり方で結びつけられてきたのかという問題を、自己の自己に対する関係という軸のもとであらためてとり上げ直すのである。

一方では、自分自身から身を引き離すことによって、主体と真理との関係を新たなやり方で考える可能性が開かれるということ。そして他方では、人間、主体、真理をめぐる問題を、さまざまな領域、さまざまな軸のもとで扱うことによって、自分自身からのさらなる離脱へと導かれるということ。主体性をめぐる問題を、以前の自分自身とは異なるやり方で思考するにはどのようにすればよいか。自分自身からの新たなる脱出のために、主体と真理との関係をどのように問い直せばよいか。こうした二重の問いこそ、フーコーの言説全体を特徴づけることのできる優れてフーコー的な問いなのだ。

もちろん以上は、一つの読み方を提示したものにすぎない。フーコーの言説にとどまる読解に限っても、他のいくつものやり方が完全に可能であろう。本書は、今日ついにその全貌を現しつつあるフーコーの著作物をあらためて読み直すための最初の試みのうちの一つ、あるいは、より控えめに言うなら、読者をそうした読み直しへと誘うための道具のうちの一つである。ここに差し出されている読み方を検証するためにせよ、あるいはそれに異論を唱えるためにせよ、本書によって読者がフーコーの言説そのものへと導かれたとしたら、そしてそれによってフーコーをめぐる新たなアクチュアリティの可能性が開かれるとしたら、本書の目的は果たされたと言えるだろう。

あとがき

本書の構想が初めて現れたのは、すでに十五年以上も前のことである。自分自身のフーコー読解を一般の読者に開かれたかたちで世に出す、という貴重な機会をいただきながら、思うように執筆を進めることができず、いつの間にか時間ばかりが過ぎ去ってしまった。そのためにご迷惑をおかけすることになってしまった方々に対し、まずは心よりお詫びしたい。

過ぎ去ったその年月のあいだに、当然ながら、フーコー研究をめぐる状況は大きく変化してきた。とりわけ、講義録の出版が完結し、『性の歴史』第四巻もついに公刊されたことによって（日本語訳はいずれも現在進行中）、今や、彼の仕事の全体像がほぼ明らかになってきた。執筆の遅延が、結果的に、そうした全体像を扱う幸運をもたらしてくれた、という言い方をすると罰が当たるだろうか。

本書の企図は、フーコーの言説をとにかく可能な限り丹念に読み解くことにあった。フーコーは本当のところ何をやりたかったのかと問うにせよ、フーコーを道具として利用しようとするにせよ、フーコーを乗り越えたり解体したり否定したりしようと試みるにせよ、そのためには、何よりもまず、彼によって書かれたこと、語られたことに対して真摯に向き合う必要があるということ。本書が提示しているのは、結局のところ、そうした必要性を訴えるための一つのやり方にすぎない。

そのために、選書としてはおそらく多めの注を付し、読者をフーコーおよびその他の著者に送り返すことができるように気を配った。しかしその一方で、注を参照しなくても通読できるよう、文章の組立てには配慮したつもりである。なお、引用文については、既存の日本語訳を参考にさせていただきながら、必要に応じて新たに訳文を作成した。

本書の最初の構想は、実は、講談社選書メチエの企画としていただいたものである。途中まで進めていた執筆作業が、筆者の完全に個人的な事情により中断してしまい、再開のきっかけもつかめず半ば諦めかけていたときに、筑摩書房の北村善洋氏から筑摩選書のお話をいただいた。そこで、心を新たにして執筆に打ち込むべく、講談社の林辺光慶氏にお許しを請うたところ、快く背中を押してくださった。林辺氏には、お詫びと感謝の言葉をいくら重ねても足りないほどである。

そしてそのように心を新たにしたはずであるにもかかわらず、北村氏と最初にお会いしてから本書の完成に至るまでに、やはり長い月日を要してしまった。ここまで辛抱強くお付き合いくださった北村氏に、この場を借りて深く御礼申し上げたい。本書が、氏の忍耐に見合うものであるとしたら、そして多くの読者に開かれたフーコー論としての任務を実際に果たすことができたとしたら幸いである。

二〇一八年十月十五日

慎改　康之

慎改康之（しんかい・やすゆき）
一九六六年、長崎県生まれ。明治学院大学教授。訳書にミシェル・フーコー『ミシェル・フーコー講義集成』第一巻、第四―五巻、第八巻、第十三巻（筑摩書房）、『知の考古学』、『言説の領界』（共に河出文庫）など。

筑摩選書 0169

フーコーの言説《げんせつ》〈自分自身《じぶんじしん》〉であり続《つづ》けないために

二〇一九年一月一五日　初版第一刷発行

著者　慎改康之《しんかいやすゆき》
発行者　喜入冬子
発行所　株式会社筑摩書房
東京都台東区蔵前二-五-三　郵便番号　一一一-八七五五
電話番号　〇三-五六八七-二六〇一（代表）
装幀者　神田昇和
印刷製本　中央精版印刷株式会社

 ISBN978-4-480-01674-4 C0310

筑摩選書
0044

さまよえる自己
ポストモダンの精神病理

内海 健

「自己」が最も輝いていた近代が終焉した今、時代を映す精神の病態とはなにか。臨床を起点に心や意識の起源に遡り、主体を喪失した現代の病理性を解明する。

筑摩選書
0070

社会心理学講義
〈閉ざされた社会〉と〈開かれた社会〉

小坂井敏晶

社会心理学とはどのような学問なのか。本書では、社会を支える「同一性と変化」の原理を軸にこの学の発想と意義を伝える。人間理解への示唆に満ちた渾身の講義。

筑摩選書
0076

民主主義のつくり方

宇野重規

民主主義への不信が募る現代日本。より身近で使い勝手のよいものへと転換するには何が必要なのか。〈プラグマティズム〉型民主主義に可能性を見出す希望の書！

筑摩選書
0087

自由か、さもなくば幸福か？
二一世紀の〈あり得べき社会〉を問う

大屋雄裕

二〇世紀の苦闘と幻滅を経て、私たちの社会はどこへ向かおうとしているのか？　一九世紀以降の「統制のモード」の変容を追い、可能な未来像を描出した衝撃作！

筑摩選書
0106

現象学という思考
〈自明なもの〉の知へ

田口 茂

日常における〈自明なもの〉を精査し、我々の経験の構造を浮き彫りにする営為――現象学。その尽きせぬ魅力と射程を粘り強い思考とともに伝える新しい入門書。

筑摩選書
0138

ローティ
連帯と自己超克の思想

冨田恭彦

プラグマティズムの最重要な哲学者リチャード・ローティ。彼の思想を哲学史の中で明快に一から読み解き、後半生の政治的発言にまで繋げて見せる決定版。